Adolescentes seguros

Adolescentes seguros le dirá todo lo que debe hacer para que sus jóvenes enriquezcan el amor por sí mismos y así hacerlos independientes y firmes en sus decisiones.

En este tiempo difícil para sus hijos, no hay mejor inversión para ellos que fomentarles la seguridad interior. En este libro sabrá qué hacer para elevar su autoestima a partir de enseñarles a controlar sus reacciones impetuosas, a tomar decisiones inteligentes, a seleccionar bien sus amistades y a decir no a las drogas; en fin, a que den lo mejor de ellos mismos: ingenio y amor.

En las buenas y en las malas usted tiene la obligación de atender las inquietudes de sus hijos. La mejor inversión para lograrlo no está en los bienes materiales sino en una vida espiritual digna. Haga de ellos unos *Adolescentes seguros*.

Doc Lew Childre

Adolescentes seguros

SELECTOR
actualidad editorial

SELECTOR
actualidad editorial

Doctor Erazo 120
Colonia Doctores
México 06720, D. F.

Tels.   588 72 72
Fax: 761 57 16

ADOLESCENTES SEGUROS
Título original: *Heart Smarts: Teenage guide for
the puzzle of life,* por Doc Lew Childre

Traducción: Martha Mauri
Portada: Laura Varela Michel

Copyright © 1991 by Planetary Publications
Edición original en inglés: Planetary Publications, 1991
D.R. © 1992, Selector, S.A. de C.V.

ISBN (inglés): 1–879052–07–5
ISBN (español): 968--403–634--5

Vigésima primera reimpresión. Septiembre de 2002

Contenido

Vamos a presentarnos

¡**L**a adolescencia puede ser la época más extraña y fascinante en la vida!

La gente siempre recuerda que durante su adolescencia eran ¡atrevidos, aventureros y espontáneos! Igualmente fueron los años más difíciles con un gran número de emociones mezcladas, y muchas opciones por tomar. Ustedes, como adolescentes, quizá llegan a sentirse incomprendidos, en especial por los adultos. Es cierto. A los adultos les cuesta mucho trabajo entender a los jóvenes, pero tal vez en algún momento, el sentimiento de incomprensión se debe a que *ustedes* intentan descifrar cómo acomodar las piezas del rompecabezas de su vida. Cada pieza representa una situación diaria (agradable o desagradable) que, al conjuntarse, genera un estrés incontrolable y, ciertamente, difícil de solucionar.

La incomprensión, confusión, emociones mezcladas y presión no sólo son sentimientos que se presentan en esta etapa de la vida. De vez en cuando también los experimentan los padres, maestros, y todos en general. A menudo son más intensos o frecuentes en los adolescentes que en los adultos o los menores. Si por un momento se detuvieran y se dieran cuenta por todo lo que pasa el cuerpo humano en esos años, serían más comprensivos y compasivos consigo mismos. Es un proceso de cambios. Los cambios emocionales y hormonales pueden exagerar todo. Ese sentimiento infantil de un nuevo día pleno de diversión y alegría se transforma en emociones y sentimientos nuevos que quizá no sean muy claros, y parecen un paseo en la montaña rusa en un día lluvioso. Los cambios hormonales pueden afectar directamente sus respuestas emocionales hacia las personas y situaciones.

• **compasión** - una atención
muy profunda que no debe
llegar al grado de lástima.

Seamos realistas. Existe una gran brecha entre muchos adultos y adolescentes. Estos últimos con frecuencia sienten que les imponen las mismas reglas y consideran que no *los* comprenden. Por lo tanto, ignoran muchos consejos que les ofrecen sus mayores, quienes se basan en la experiencia de la vida. Cuando se

Cómo me gustaría que mis papás se acordaran de lo que se siente ser un adolescente —¡aunque sea por una sola vez!

es adolescente, se debe intentar conocerse y responsabilizarse de cualquier acto, al lograrlo, se sentirán bien con sus sentimientos y sabrán lo que deben hacer. Pero los adultos también sienten seguridad en sus pensamientos, y consideran que lo que están tratando de transmitirles es correcto porque ellos adquirieron ese conocimiento a través de la experiencia. De este modo, adolescentes y adultos no se comprenden entre sí.

Por ejemplo: una muchacha de 16 años quiere ir a una fiesta. Todo mundo asistirá. Sus papás saben que también estará una pandilla, e intentan decírselo. La chica no cree que haya algún problema ni se da cuenta de las posibles consecuencias, se enoja con sus papás porque no la dejan ir, se encierra en su recámara y se deprime muchas horas. Sus padres tienen cierta experiencia, pero como los muchachos se sienten incomprendidos en muchos otros aspectos, ella no puede *escuchar* o respetar a sus padres en ese punto en especial.

Los adolescentes necesitan más sensibilidad por parte de los adultos debido a sus extra **amplificadas** emociones. Los mayores recuerdan algo de su adolescencia, pero no están en sus zapatos. Los padres y maestros podrían ayudar más si les hicieran saber a los jóvenes que no siempre los pueden comprender. Por lo mismo, es difícil respetar los consejos útiles que les comunican.

---

* **amplificado** - vehemente vitalidad emocional, positiva o negativa.

Quizá ésta no sea la situación de ustedes, pero les apuesto a que pueden pensar en sus propios ejemplos que vayan de acuerdo a su caso. ¿Entonces qué pueden hacer los adolescentes? Como tengo seguridad* en mí mismo, poco a poco descubrí que no es que los adultos *no* los comprendan, sino que *no siempre* lo pueden hacer. Con solo saber eso, disminuirá mucho su pena, dolor y depresión que surgen cuando sienten que no los comprenden. Qué creen que descubrí, que mis padres sí me querían y que a veces no sabían cómo demostrármelo.

> • **seguridad** - una sensación de paz, de sentirse bien interiormente, la confianza de contar con una sabiduría interior.

Los adolescentes saldrán adelante si hacen que su *corazón sea inteligente*, es decir, sentir seguridad en su corazón. Al hacerlo, podrán ayudar a crear una atmósfera de mayor comprensión. Al fin y al cabo todos cambiamos, así que los padres y maestros de igual modo cambiarán, y se adaptarán a su crecimiento y cambios. Es probable que esto también provoque inseguridad en los mayores. Ellos buscan mejorar así como lo hacen los muchachos. Mientras más pronto exista un *puente* de comunicación, más rápido comprenderán todos. Espero que este documento pueda ayudar a colocar algunas vigas para ese puente, y así adultos y adolescentes puedan disfrutar al cruzarlo juntos.

Y bueno, ¿por dónde empezamos? Este libro trata sobre cómo asumir la responsabilidad de sus acciones y reacciones para que sus vidas diarias sean más agradables, es decir, *flotar* sobre las olas de la emoción en lugar de permitir que éstas los revuelquen. Así podrán crear la seguridad y autoestima* en su corazón adecuadas para ustedes. ¿Se imaginan

lo increíble que sería el poder combinar la esencia
de ser aventurero y juguetón con los sentimientos de
claridad y confianza interior? Posteriormente encontrarán ejemplos sobre "cómo hacer", además de
ejercicios prácticos que podrían aplicar en su vida
para lograr *la aventura excelente*. Si nos observamos
con intensidad, tal vez encontremos la manera de
que todo sea mejor. Eso se llama el sentido de la
experiencia.*

• **autoestima**: confianza llena
de vitalidad; una firme
creencia en sí mismo a pesar
de que a veces no sientan
igual.
• **sentido de la experiencia**:
comprender qué es el sentido
común; lo obvio tiene sentido.

Todos hemos escuchado la expresión: "Me hubiera
gustado saber eso cuando tenía tu edad". Y, a decir
verdad, la mayoría de los adultos piensan que les
hubiera gustado saber cuando eran adolescentes lo
que *ahora* saben. Esos conocimientos permitirían
que la gente tomara un atajo en lugar de seguir el
largo y sinuoso camino. En la vida, todos aprende-
mos y maduramos. No es que algún camino, ya sea
resbaloso o con baches, no nos lleve a donde queremos, pero en ocasiones un camino liso puede
ahorrar tiempo y energías. Aprendan a recorrer la

vida por el camino inteligente: utilicen la *inteligencia de su corazón*.

Una nota de la edición original:

Doc Lew Childre escribió este libro gracias a la agradable participación de muchas personas, incluso adolescentes, del Instituto de Matemáticas del Corazón. Nuestra intención es compartir con ustedes algunos caminos cortos que aprendimos al aplicar el sistema que creó Doc, el sistema Matemático del Corazón. Estos atajos nos ayudaron a liberar la tensión y adquirir la confianza que proviene de conocerse a sí mismo. Si no han escuchado del Instituto Matemático del Corazón, permítanos presentarnos. Somos un grupo de amigos compuesto por músicos, artistas, escritores, inventores y educadores, a quienes nos encanta crear libros y cintas diseñadas para ayudar a que los individuos vivan con más eficiencia, lo cual sentimos que significa aprender a vivir con inteligencia desde el corazón.

Nosotros, como muchos otros grupos creativos, solo tratamos de contribuir y ayudar a que la gente cuente con más paz y diversión en la experiencia de su vida. Como grupo de amigos, practicamos la eficiencia* con nuestras energías mentales, emocionales y físicas. Por ello, eliminamos mucha tensión en nuestras vidas y nos divertimos.

---

* **eficiencia** - obtener el mejor resultado posible del esfuerzo que empeñe para lograr algo.

Somos un montón de personas con los pies muy bien puestos sobre la tierra que se preocupan por su trabajo, pero que también saben organizar una fiesta. No cabe duda que nos da gusto tener la oportunidad de compartir con ustedes lo que resultó ser lo más divertido de nuestras vidas.

Notas

El corazón
Un buen lugar para empezar

En realidad es su opción una vida llena de elecciones. Por ejemplo: ¿debería salir hoy en la noche o mejor me quedo en la casa y estudio un poco más? Bueno... vamos a ser realistas. Se trata de su vida y están intentando hacer lo que consideran es lo correcto. Aun así, muchas personas como padres, amigos y maestros quieren decirles qué hacer, qué no hacer, o qué debieron hacer, etc. Vaya presión, ¿verdad? Así que, ¿qué hacen cuando quieren tener el poder para hacer lo que desean sin sentirse presionados por la opción que eligieron? ¡Tal vez podrían recurrir a su corazón!

Muchas veces, cuando nos enfrentamos a diversas opciones, nuestra tendencia natural es sopesar con la mente esas alternativas. Hablemos entonces del corazón y la mente, y de cómo el corazón nos puede ayudar a hacer a un lado la confusión y presión de las opciones.

Para tener un ejemplo de cómo puede funcionar el corazón, usemos el caso de una computadora. Si consideran a su corazón como una computadora, quizá noten que tiene muchos programas, más de los que se imaginan. Las computadoras almacenan programas e información que podrían ser las reacciones y los sentimientos hacia todo tipo de situaciones. La información positiva sería clara, o sea los sentimientos positivos. A continuación les presento algunos ejemplos:

- Un sentimiento bueno y seguro que surge cuando se sientan debajo de un árbol de su predilección y el sol les da en la cara.
- El sentimiento agradable y divertido de reencontrarse con amigos después de unas vacaciones.
- Un sentimiento suave y feliz cuando su perro los recibe.
- La satisfacción de estudiar al máximo para una prueba, y ver los resultados positivos.
- El gusto y la alegría de ver a su grupo favorito en un concierto, o ir a una fiesta donde se divirtieron como nunca.

Existen muchísimos programas para la computadora del corazón. Todos contamos con ellos, y está en nosotros el identificarlos.

Algunas personas dirían que el cerebro es como una computadora, y estoy de acuerdo. Pero, veamos al corazón como el cerebro de la computadora y a nuestro cerebro como una terminal que recibe órdenes del centro de la computadora, que sería el corazón.

El corazón

Cuando la gente habla del corazón, en muchas ocasiones se refieren a él en términos de sentimientos. A menudo las reacciones emocionales y los sentimientos surgen de un verdadero sentimiento del corazón, pero éste se puede perder en emociones y pensamientos que ya trabajaron en exceso. Un sentimiento real del corazón es claro, vigoroso y sólido, como los ejemplos que mencioné. Éste es el ejemplo de un amigo respecto a cómo el sentimiento del corazón puede perderse entre emociones, sentimientos y pensamientos:

"Cuando mis papás se separaron, mi corazón sentía deseos de poder ayudarlos a sentirse más contentos porque los quería mucho. Me preocupaban mucho. Realmente eran los sentimientos de mí corazón en cuanto a una separación. Luego, empecé a pensar, lo cual activó mis emociones y sentimientos. Tenía miedo del futuro y seguía recordando los buenos momentos que pensé se habían perdido para siempre. Mientras más pensé, más se intensificaron y agrandaron mis emociones. Al poco tiempo estaba inmerso en un océano de emociones abrumantes y totalmente confundido. Dejé que las sensaciones de temor, desilusión y pérdida se dispararan tanto, que ni siquiera podía comunicar mi preocupación y sentimientos originales del corazón. Intenté hablar con mis padres y solo conseguí frustrarme y enojarme, y todo terminaba en una maraña de malentendidos. Finalmente, después de desgastar tanta energía en emociones, no tenía a dónde ir más que al principio, que era mi corazón.

"Empecé a notar que las mejores conversaciones que sostuve fueron cuando logré controlar mis emociones. Tenía una mayor claridad y podía decir lo que *en realidad* sentía mi corazón. Así ellos podían comprender con más facilidad lo que sentía y quería expresar. La relación se convirtió en lo que yo quería, ya que practiqué lo mismo cada vez que hablaba con ellos."

Las emociones no son dañinas. Le dan color a nuestras vidas. Pero también pueden crear confusiones y, si no las equilibran, les provocarán bastantes problemas. Algunas personas consideran las emociones y los sentimientos, como en el ejemplo anterior, igual al corazón. Creo que las emociones y los sentimientos provienen de un verdadero sentimiento de este órgano. Pero, durante el proceso de pensar y reaccionar de estos dos factores se pierde el verdadero sentimiento. Así que, cuando hablo del corazón, no se trata de emociones sentimentales exageradas e intensas, sino de su verdadero poder: la preocupación real, ¡el mejor lugar para empezar! La computadora del corazón también cuenta con programas que nos permitan realizar ligeros cálculos y comparar información desde una capacidad superior, la intuición.* La intuición del corazón es la parte más inteligente de ustedes. El corazón es *mucho más* inteligente, es el sitio de la sabiduría poderosa. Podría incluir programas sobre el *sentido de la experiencia* que ofrecen sentido común, poder, claridad, equilibrio y honestidad, todas las cualidades de su yo máximo. ¡Y también les proporcionará mucha alegría!

• **intuición** - notar algo, un conocimiento o entendimiento que proviene de su yo interior.

La mente

Si utilizan la cabeza sin antes recibir información u órdenes del cerebro de la computadora (el corazón), tal vez experimenten algo que se conoce como un "choque." Eso significaría que su sistema dejó de trabajar o que funciona de manera ineficaz, y por lo regular tendrían que "volver empezar". Así que, si usan la cabeza como única directriz, se preguntarán, "¿por qué sigue sucediendo esto?, nadie comprende".

La mente (por sí sola) razona y justifica para, de ese modo, compensar una *falta de* sentimientos satisfechos. Asimismo, puede influir en sus verdaderos sentimientos respecto a las cosas al emplear juicios: "pobre de mí," insatisfacciones, frustraciones, etc., con la intención de hacer sentir mejor al sí mismo en una situación dada, o simplemente sentirse contento consigo mismo.

La cabeza no es *nociva*. De veras, si no tuvieran cabeza, ¿cómo sabrían la forma de abrir una puerta, conducir un carro, o hacer la tarea? Es una parte del sistema muy útil e importante, pero funciona mejor si recibe la información y las órdenes del cerebro de la computadora, o sea el corazón.

Un amigo escribió este ejemplo para ayudarles a entender en qué se diferencian el corazón y la mente, y cómo pueden trabajar en conjunto:

"Una semana en especial, diario llegué tarde a la escuela. El profesor de la primera hora me llamó la atención, así que el viernes en la mañana me aseguré de estar listo temprano para llegar a tiempo. Hubo mucho tráfico en el periférico. Y, bueno, por lo que avanzábamos, sabía que me iba a tardar un buen rato. Empecé a pensar: ¡no voy a llegar!, ¡el único día que hago un esfuerzo extra, y me pasa esto!, deseaba tocar el claxon e insultar a todo el mundo. Me sentía frustrado e impaciente y sabía que el profesor no me iba a creer. ¡Seguro que iba a pensar que yo había inventado todo!

Todo eso me retumbaba dentro. Estaba desperdiciando mucha energía en algo que no podía cambiar. Todavía no le daba una explicación al profesor y ya me había imaginado su reacción. Lo único que pude alterar fue dejar mi cabeza a un lado y dirigirme a mi corazón y entonces me di cuenta: bueno, aquí estoy y debo esperar a que se muevan los carros. Cuando llegue a la escuela trataré de explicarle al profesor lo que sucedió. El solo acordarme de pensar con el corazón me ayudó a calmarme. Sabía que si reaccionaba así no podría cambiar la hora ni hacer que los carros se movieran. Así que, ¿para qué sentirme presionado y empezar

¡Ojalá alguien me comprendiera!
Creo que más vale que me entienda yo solo.

el día enojado? Además me acordé que algunos médicos y científicos dijeron que cuando las emociones se desvían a reacciones negativas, se liberan ciertas hormonas que producen un efecto negativo en todo nuestro sistema. La energía reactiva negativa se puede acumular durante un tiempo y ocasionar una enfermedad de naturaleza física. Con solo recordar por un momento que podía dirigirme a mi corazón, vi la situación de otra forma. Mi corazón dijo: "Oye, tal vez podrías aprovechar este tráfico para desacelerarte y calmarte. Así podrías sobrellevar mejor el resto de tu día, a tu maestro, y lo que surja."

Bueno, tal vez digan, "¡qué lógico!" o, "¡ya lo sabía!" *Exactamente*. Ése es el sentido de la experiencia. Quizá no sea una nueva lógica, pero ¿*en realidad* con qué frecuencia utilizan el poder de su corazón para salvarse de la tensión? Su verdadero "poder" significa que, al elegir hacer uso del corazón, pueden acumular energía o poder. Éste funciona con mayor eficiencia para la cabeza. Para entrar al cerebro de la computadora podrían emplear un código de acceso o una palabra secreta tan sencilla como "alto," hacen una pausa y dicen, "y bueno, corazón..." (concéntrense y enfoquen todas sus energías en el área de su corazón). "¿Lo que estoy a punto de hacer o decir es la opción inteligente y correcta, o es una opción que después me puede provocar resultados indeseables?" El tomarse ese momento para entrar a la computadora de su corazón es un ejemplo de la *inteligencia del mismo*. A pesar de que ese instante de reacción los haga sentir mejor, les dejaría la sensación de una tensión interior que posteriormente eliminarían. Recuerden, ya antes hablamos del término "chocar" como resultado de utilizar la *cabeza* en lugar de seguir la lectura de la computadora de su *corazón*. Sin embargo, al seguir el programa del corazón podrían ahorrarse mucha energía y tiempo, lo que haría que su sistema trabajara de manera más eficiente. ¡Y eso logra que la vida sea más agradable!

Sigamos con otro ejemplo: ustedes quieren salir el viernes en la noche. Sus padres les dicen que sí, pero la hora de llegada no les parece justo. ¡Eso no es lo que querían oír! Ahí entran en juego sus opciones, responder con la cabeza o el corazón.

- *Si se presionan, se desquiciarán* (¡Ahí vamos de nuevo!)

Gritan y azotan la puerta. "¡No entienden, me tratan como a un niño!", ¡¡¿Se sienten presionados?!! De repente, la agradable idea de un viernes en la noche ya no es tan divertida. Ya sea que reaccionen de manera física o nada más sientan las reacciones anteriores, no se engañen, de igual forma es tensión. Pero podían cambiar el programa.

La imagen congelada

Antes de que continuemos con la segunda opción, "congelemos la imagen" de este ejemplo durante unos momentos y hablemos en términos del sentido de la experiencia. ¿Cómo esta funcionando?. Eso significa detenerse y observarla. Una de las leyes físicas dice que cada acción (dentro o fuera de ustedes) tiene una reacción igual u opuesta. En otras palabras, sería tanto como "lo que sacan, vuelve a ustedes". Si expresan emociones descontroladas, recibirán una acción o reacción igual a la que expresaron. Si reaccionan con un control emocional responsable (poder del corazón), obtendrán ese mismo respeto. Sus esfuerzos por emplear el poder del corazón y el control emocional podrían darles como resultado un sentimiento de responsabilidad. ¡Ése es un sentimiento interior muy agradable! Notarán la ganancia que produce un esfuerzo, así como ustedes lo harían con cualquier cosa que respeten y aprecien. Los juegos del corazón podrán ofrecer resultados *rápidos* si en verdad los juegan. De hecho, aun la ganancia a su primer esfuerzo será visible, todo depende de la disminución de tensión que sientan. ¡Hasta podrían lograr un permiso para llegar más tarde, o no salir sintiéndose tranquilos. Aun si la hora de llegada no es lo que esperan, de igual modo se beneficiarían ya que se ahorraron el proceso de toda esa tensión. La tensión los puede dejar en un estado más deplorable del que se les dejaría el llegar temprano. Ciertas disciplinas forman parte del crecimiento. Si lo enfrentan desde el corazón con madurez, sus patrones cambiarán más de prisa y a su favor. ¡Además, sus esfuerzos elevarán su autoestima y poder del corazón! Únicamente se trata del sentido de la experiencia: **¡lo que externen, lo obtendrán!** Externen responsabilidad y obtendrán flexibilidad.

Recuerden que estamos hablando de una hora de llegada que no es la justa. Intentemos con otro ejemplo del corazón:

• Está bien, tal vez no era lo que esperaban que les dijeran. A lo mejor se sienten lo bastante responsables como para llegar más tarde, y quizá sea cierto. Pero volvamos a verlo desde un punto de vista del sentido de la experiencia. La primera reacción (la respuesta de la cabeza) desgasta mucha energía, disminuye su nivel potencial de diversión para el resto de la noche y les deja una sensación desagradable en su casa. El sentido de la experiencia es darse cuenta que no se pueden divertir al máximo si la tensión y la frustración chocan en su sistema. En este caso, una respuesta del corazón sería: "bueno, está bien, no conseguí el permiso que quería, ¡pero de todos modos todavía tengo cinco horas para divertirme!"

La forma en que la *inteligencia del corazón* reacciona ante circunstancias que les son desfavorables es recurriendo a la computadora del corazón y elegir los programas que los rescatarán de la situación. Prueben con su programa "creativo", podrían considerarlo como un juego el tener cinco horas. ¿Cómo pueden gastar su tiempo y dividirlo para sacarle el mayor provecho? Un programa creativo les ayuda a ver las situaciones de la vida como un juego o un rompecabezas, donde las condiciones diarias, que parecen ser un problema, ¡se pueden convertir en una aventura! Este tipo de programas podrían ser una especie de paquetes de poder y grandes saltos en el mundo del juego de video.

Otro programa útil que podrían emplear es el del **agradecimiento**, y ver un panorama más amplio. Puede ser que estén muy absortos en esa parte de la situación que parece representarles un problema. Vean más ampliamente la vida y agradecerán el tener una fiesta a la cual puedan ir y sentirse sanos. Agradézcanle a sus padres que se preocupan tanto por ustedes y les dan permiso de llegar hasta cierta hora, a pesar de que sea muy *legal* el querer negociarlo después de que ya demostraron ser maduros y responsables. Conforme hagan uso de la *inteligencia de su corazón* para cambiar de actitud, como por arte de magia pueden provocar que sus padres cuenten con esa flexibilidad que desean. ¡Inténtenlo!

Estos programas de computación para el corazón son muy *poderosos* y, cada vez que elijan usar el corazón en lugar de reaccionar primero con la cabeza, acumularán más poder. El poder del corazón cuenta con mucha energía magnética. Mientras más la usen, más energía magnética atraen, la cual les ofrece las oportunidades y situaciones que en verdad desea su corazón. Como diría mi amigo Roberto, "¡Divirtámonos hasta morir!"

En el último ejemplo, si utilizaran el corazón y eligieran una acción responsable, acumularían respeto. Con el tiempo, le podrían dar a sus padres una buena razón para que les permitieran llegar más tarde, o quizá hasta les dieran la oportunidad de que ustedes decidieran a qué hora deben regresar. Sin embargo, la verdad es que la mejor ganancia que encontrarían al preferir usar el poder de su corazón sería mínima y sin presión, disfrutarían el tiempo y se divertirían con sus amigos. ¡Eso es hacer valer el tiempo y la energía con la calidad del tiempo! ¡Así que, vámonos corazón, que la fiesta apenas empieza!

Notas

Corazón-FM

Su estación de seguridad interior

Seguridad: ¿qué tiene que ver esa palabra con ustedes?, ¿conocen la sensación en ciertos momentos en lo que todo parece ir bien? A veces la vida nos ofrece situaciones, parientes, o relaciones que nos ayudan a sentir seguridad, pero no es una regla. Si por alguna razón nos quitan las situaciones seguras, sólo contamos con el corazón para, de algún modo, levantar las piezas e intentar volver a encontrar la seguridad. *Felicidad es llevar en nosotros ese sentimiento de seguridad a pesar de lo que la vida nos depare.*

La seguridad interior, una vez adquirida, es algo que nada ni nadie les puede quitar. Asimismo, sólo ustedes pueden proporcionarse esa seguridad. Ustedes la forman, como si construyeran una fortaleza secreta en el bosque o tejieran una cobija en la que se pueden arropar cuando tengan frío. Este capítulo trata de ustedes y su seguridad interior. Parece que eso es lo que la gente desea. Los niños buscan seguridad en sus padres; los adolescentes y adultos, en las relaciones, la escuela o el trabajo. El buscar este sentimiento interior significa crearlo y desarrollarlo en el corazón. Eso quiere decir que la inteligencia del corazón habla de ustedes y de sí mismo.

En la era de la computación, la gente por fin puede llegar a comprender que todo se basa en frecuencias de energía, incluso sus pensamientos, sentimientos y emociones. Lo podrían comparar con escuchar el radio. Existen todo tipo de estaciones de radio: rock, rock pesado, jazz y música popular. Dependiendo del estado de ánimo en el que estén, podrían escuchar diferentes estaciones. Si van hacia una fiesta, y escucharán música popular se sentirían felices y alegres. Si se sienten tristes, tal vez prefieran escuchar jazz. Cuando se sienten con muchas energías, pueden elegir la música de rock de su gusto. Las distintas clases de música y emociones son frecuencias, así como el corazón tiene sus *frecuencias centrales*. Algunas de las frecuencias más profundas de la computadora del corazón son: perdón, agradecimiento, amabilidad y amor. Quizá les suenen como sentimientos muy blandos, pero son herramientas poderosas. Obsérvenlas como frecuencias de poder que pueden encender y sintonizar cuando tengan que tratar consigo mismos o con otros durante su vida diaria. Al ser capaz de encender su propia estación y tener acceso a estas frecuencias profundas del corazón adquieren la confianza interior de saber que están controlados, y en ese momento encontrarán la paz de contar con una verdadera seguridad interior.

Veamos algunas formas sencillas a través de las cuales pueden tener acceso a las frecuencias o a los programas de inteligencia del corazón, y poder hacer uso de ese sintonizador de radio con el que pueden llegar al fondo de su corazón.

1. No lo busquen en otra parte que no sea dentro de sí mismos

En la vida, es muy sencillo buscar seguridad a través de los padres, amistades, maestros y empleos. Por ejemplo, supongamos que están hablando por teléfono con su novio o novia y cuando cuelgan, él o ella no les contesta: "yo también te quiero" o lo que ustedes quieran que les digan. Se sienten tan desprotegidos, inseguros, inadvertidos, y se preguntan si en verdad los quieren; o, digamos que su papá siempre quiso que fueran doctor o abogado, pero ustedes quieren ser artista. Cuando se sinceran con él, se molesta, les cierra las puertas de su corazón y deja de hablarles. A ustedes le duele y se sienten inseguros respecto a su amor y así, después de todo, los apoyará. En ambas situaciones, lo que buscan es confirmar que ese alguien los quiere, y al no recibir lo que esperaban se sintieron inseguros. En lugar de estar resentidos porque alguien no hizo lo que ustedes pensaron o esperaban de ellos, vayan a su yo mismo y recuerden que durante su vida tendrán que crear su propia seguridad interior. Activen una frecuencia central del corazón. Aun si no tienen ganas, hagan un esfuerzo. Empleen el amor, perdón, o agradecimiento por los buenos momentos que compartieron. Verán que, en lugar de sentir desesperación, coraje o resentimiento, se sentirán mejor al sintonizar ese tipo de frecuencia. Nunca se sabe cómo se pueden resolver las cosas. Podrían mejorar. Ése es un ejemplo de una elección consciente del

Al usar tu corazón, podrás sintonizar programas eficientes a lo largo de tu vida. Por lo tanto, no eres la víctima de los pensamientos o programas de los demás. ¡Suena lógico!

corazón que puede brindar un punto de vista más amplio o una solución creativa que antes de sintonizar su frecuencia central no estaba disponible. Mientras más activen estas frecuencias de perdón, agradecimiento, amabilidad y amor, les será más fácil aplicarlas cuando las necesiten. ¡Es como usar los botones de memoria de su radio!

A menudo, en la vida no se logra algo nada más porque se desea. Si se desilusionan por eso, se desgastarán emocionalmente. Así que para el siguiente paso busquen en su corazón una frecuencia positiva. Cuando les sucede algo muy drástico y fuera de su control, quizá tengan que adentrarse más en su corazón, ya que los reconfortará poco a poco del dolor de una pérdida. Si este órgano los reconforta y los guía a través de situaciones trágicas, entonces el sentido de la experiencia será el que genere más alegría, paz y eficiencia en su vida durante esa orientación del corazón en situaciones diarias normales.

Este ejemplo es el de una amiga. Quizá les ayude a comprender:

"Empecé a trabajar de modelo a los 14 años, no hace mucho. Nunca me sentí muy bonita, pero otras personas sí lo creían. Mucha gente cree que el mundo del modelaje es maravilloso y glamoroso, pero la verdad es que hay mucho más atrás. Es un empleo difícil porque se basa en la apariencia. Eso quiere decir que lo juzgan por lo que es por fuera y no por dentro. A menudo buscaba que la gente me confirmara que era bella, y cuando no lo hacían, me sentía insegura. Me era muy difícil aceptar que me juzgaran por mi apariencia, así que busqué en otra parte esa confirmación de quién era interiormente, o sea mis amistades más cercanas, mi papá y mi mamá, me ayudaron. Pero de igual modo tuve que buscar en mí esa paz y seguridad. También busqué confianza en mis relaciones. Cuando empezaba una relación, pensaba, ¿quién desean que sea?, ¿qué puedo hacer por ellos para que me quieran? Ponía todo de mi parte para que la relación funcionara, y cuando fracasaba, me sentía bastante vacía.

Tenía las imágenes de una modelo y novia bonita que me daban una seguridad plástica, pero no eran reales. Siempre pensé que la gente quería algo de mí, por ejemplo, relaciones sexuales, pero antes me cortaría la cabeza. Me gustaba la cercanía y la intimidad, pero la verdad es que a veces lo hacía más por ellos que por mí. Creí que si me amaban obtendría una aprobación o seguridad. Por último, tuve que preguntarme, ¿interiormente, quién soy? Tal vez tengo que buscar en mí esa respuesta y evitar que los demás me la den. Quizá no soy todas esas personalidades, puede ser que sea alguien más.

El inicio de todas estas preguntas fue el primer paso a una divertida aventura en la que todavía me encuentro. Estoy descubriendo todas las distintas piezas de quién soy y estoy armando mi propio rompecabezas. Me di cuenta que es mucho más benéfico buscar esa seguridad interiormente y no en las personas que me rodean. Se requiere de práctica, observar día con día esa confirmación en otras personas. Así que vuelvo a mi yo y puedo ver que dentro de mí tengo todo lo que necesito. El saber eso me hace sentir muy bien."

Así que recuerden, no vayan en busca de esa seguridad en otra parte que no sea en sí mismos. Bueno, volvamos a las formas en que funcionan las frecuencias del corazón para crear una seguridad interior.

2. No se juzguen

Si nos juzgamos, todos podemos caer en el papel de víctima. Cuesta trabajo evitarlo. Es muy común criticarse y juzgarse con la cabeza. Parece algo muy natural. Todo mundo quiere mejorar y ser una buena persona. Si se juzgan o se dan una paliza mental sólo se agotarán y se sentirán mal. Si guardan un sentimiento de culpa, se convencerán de que son una mala persona. Me acuerdo cuando quise comunicarme mejor en clase, al igual que con mis amigos y maestros. Conforme hablé, me sentí inseguro y nunca pude llegar a lo que quería. Sentía que era un tonto, un inadaptado. Pensé que jamás podría hablar. Cuando por fin dejé de juzgarme y sentí compasión de mí, nada más decía: "chispas, otra vez no puedo expresar cómo me siento. Tal vez si me calmo, recurro a mi corazón, me perdono y siento compasión de mí mismo, podría intentar volver a hablar." ¿Y adivinen qué? Funcionó. Vi cómo las energías al juzgarme, y al sentir que todo era inútil, me hundían y no me permitían cambiar. Así, la vida no era divertida. El programa del corazón de perdonarme, y no *agrandar* las cosas, me ayudó a terminar con ese sentimiento de culpa por no ser perfecto, y pude seguir adelante. Después logré hacer algo *positivo* con el problema. A la larga, es mucho mejor quererse, observar las áreas que quieren desarrollar y hacer lo mejor de su parte. No vale la pena que se juzguen.

3. Dénse aliento

Cuando realicen cosas que les cuesten trabajo y lo logren, reconozcan su esfuerzo. En realidad son buenas personas que ponen todo de su parte. Supongamos que hay una materia escolar que se les dificulta, por ejemplo física. Podría ser que para su amiga Mary sea muy fácil. Tal vez ella sea muy buena en esa materia. Pero a lo mejor no es tan buena en música, que es *su* mejor materia. Por lo tanto, no pueden comparar. Aun si les cuesta trabajo, pueden poner lo mejor de su parte y hacer un esfuerzo. Después, aprecien su esfuerzo. El aprecio es una de esas frecuencias centrales del poder del corazón que diferencian entre si tiene o no la energía de lograr algo y verlo salir adelante. No se decaigan si no lo encuentran en un principio. ¡Búsquenlo! Aprecien esa parte de ustedes que lo intenta.

4. Hagan algo por los demás

Uno de los propulsores de energía más grande es cuidar de alguien más. No sólo se sienten bien, sino también aumentan su capital en su *cuenta de seguridad interior*. Así que cuando activan las frecuencias del corazón, invierten en una cuenta interior del corazón. Cada vez que deciden perdonarse, o perdonar a alguien más, hacen un esfuerzo por sentir compasión, hacen algo agradable por otra persona, expresan el amor que sienten en el corazón, depositan energía del corazón en su *banco de seguridad interior*. Por ejemplo:

"Mi tío, que trabajaba en un coliseo, me regaló unos boletos para un concierto de Billy Joel. A Miguel, mi mejor amigo, le encantaba Billy Joel y le gustaba Susana, una niña de la escuela. Sabía que estos boletos serían el pretexto ideal para invitarla a salir. Así que tenía una opción. Podía ir al concierto con un amigo, o regalárselos. Decidí dárselos y ¡no cabía en sí! Invitó a Susana al concierto, se divirtieron como nunca, y a la fecha siguen saliendo. Me sentí muy bien cuando antepuse los intereses de otra persona a los míos y de tratarla como a mí me gustaría que me trataran. No le di boletos sólo para caerle bien, sino porque, de corazón, quería regalárselos. Darle algo a alguien, por el simple hecho de poder, nos hace sentir bien interiormente."

Ese sentimiento agradable que obtienen es el efectivo o la ganancia de la que hablábamos. Cuando invierten en hacer algo bueno y conducen su vida con más eficiencia, por medio del corazón, podrán retirar de su cuenta bancaria positiva esa energía para utilizarla cuando la necesiten. Es como si guardaran los suministros de su vida en un juego de video y los emplean cuando algo ataque en dirección suya. En lugar de enfrentar los problemas con coraje o frustración, lo cual desgasta su cuenta, pueden contestarles desde lo más profundo de su corazón a través de las frecuencias. Lo mágico es que las frecuencias del corazón y el amor entran en función para terminar más pronto el trabajo. Es muy eficaz y, a cambio, les puede brindar más calidad y diversión. Si ya reaccionaron con coraje, juzgaron y están enredados en esa energía frustrante y negativa, traten de cambiar de estación. Sintonicen la radio de su corazón, a pesar de que en ese momento no sientan qué es lo correcto. Sólo hagan un esfuerzo extra. Aun funciona. Un corazón consciente es una salvación y puede ser muy divertido.

Así que traten de crear en sí una base segura. En cuanto ya tengan ese programa, cualquier cosa que se atraviese en su camino podría ser una anexión, mas no algo que les quitará su seguridad. La única forma en la que lo pueden encontrar es intentándolo y practicándolo para sí mismos, como yo lo hice y continúo esa práctica diario. Comparado con lo que obtendrán a cambio, esta práctica puede ser cosa de chiste. La gente ni siquiera considera platicarlo. La verdadera seguridad está dentro de ustedes, y sólo espera que la descubran.

5. No permitan que su situación los desaliente

Muchas personas no tienen padres a quienes recurrir en caso de un problema, lo cual puede ocasionar ciertas desventajas durante la madurez, y en muchos casos les es muy difícil tratar de sobrevivir. Esto hace aun más importante el hecho de encontrar esa seguridad en su corazón. Aun si tienen la fortuna de contar con sus padres, de igual modo necesitan desarrollar su propia capacidad interior para resolver los problemas. Al madurar, aprenderán que su paz y verdadera seguridad no puede depender de los demás. Ya sea que sus padres vivan o no, el aceptar las situaciones e ir en busca de la madurez les dará la fuerza necesaria para cuidarse de sí mismos. Después de todo lo dicho y hecho, su corazón es su mejor amigo. Algunas de las mejores historias exitosas son de personas que provienen de hogares rotos y ambientes adversos. Conforme se acerquen al fondo de su corazón, éste los podrá orientar con más facilidad a través de los momentos adversos que se presenten en su vida.

Mientras aprenden a escuchar y seguir las directrices de su corazón, podrán conducirse de manera más sutil durante las épocas desafiantes, y después convertir estos retos en esa **seguridad interior** y el éxito. Se requiere de práctica, y ésta generará esperanza. Todo mundo busca la esperanza, ¿no es cierto? Cuando la encuentren en sí mismos, podrán ofrecérselas a los demás, ya que ustedes son su propia planta de poder que sólo necesita un acceso. Recuerden, no desperdicien el tiempo comparando su vida con las de otros que parecen ser más afortunados. La fortuna se basa en la cantidad de paz que tengan, y no en los lujos y las conveniencias. Practiquen desde su corazón, sientan paz y así la vida les ayudará a cambiar las cosas para bien. Ustedes son tan buenos como cualquier otra persona, aun si todavía no se dan cuenta. En esta ocasión, confíen en mí. Ustedes son buenos y lo **pueden hacer**. Activen el poder de su corazón y verán que tengo razón. Su amigo.

Pobre de mí
Esas emociones descontroladas

¿**A**lguna vez se sintieron totalmente incomprendidos durante una situación en especial y justificaron su actitud negativa? Este ejemplo es de una amiga:

"Estaba en segundo de preparatoria, y tenía que entregar un trabajo final de Literatura sobre Shakespeare. Estábamos estudiando "*Romeo y Julieta*" y me encantaba la obra, los caracteres, el lenguaje, todo. Decidí escribir el mejor trabajo sobre la obra. Me pasé todo el semestre dedicada a escribir casi, casi un folleto sobre lo que ahora era mi materia favorita. Por fin llegó el día en que me entregaran mi trabajo ya calificado. Era el momento que tanto esperé. Estaba ansiosa. Pero cuando vi la *baja* calificación que me puso la maestra por errores gramaticales, me quedé estupefacta. Es obvio que ignoró mi gusto y dedicación por el trabajo. ¿Imagínense cómo me sentí? Me sentí muy mal."

¿Cómo se sentirían si algo así les sucediera?, ¿enojados, frustrados, dolidos o resentidos? Esta amiga sintió todo eso y mucho más hasta casi el mediodía. Estos sentimientos negativos podrían denominarse como los "pobre de mí" o, en una frase: "¡Ay, pobre de mí, qué vida tan horrible me tocó!". A pesar de lo justificables que parezcan estas emociones, ¿qué creen que le pase a su organismo cuando da pie a estos sentimientos negativos de dolor, coraje, resentimiento y demás?

Volviendo a la analogía de la computadora, estas emociones negativas les pueden ocasionar un "choque" en el organismo, así como cuando ponen el código de acceso equivocado en su computadora. Si su computadora choca, pueden perder toda la información que hasta el momento almacenaron y después la tendrán que volver a meter. Este ejemplo trabaja de manera similar al organismo humano. Después de tener estos sentimientos de "pobre de mí", su organismo se debilita, cansa, deprime y desgasta por completo. Todas estas emociones negativas erosionan su energía y se sienten como, ¡aquí va de nuevo! ¿Cómo se sienten después de que se encerraron en su cuarto: lloraron, patearon las paredes, se enojaron con la maestra, y gritaron que la vida es injusta?... ¿Se imaginan la situación? (Ésos son *pensamientos absurdos*.) ¿No se ve realmente muy bien, no es verdad?

¿Creen que estos sentimientos justificados valen la pena? No. Lo más seguro es que mi amiga no se sintió mejor. Créanme, le hubiera gustado conocer los cómos y porqués para controlar sus emociones *mucho antes* de entregar ese trabajo sobre Shakespeare. ¿Qué diría una persona con *inteligencia en el corazón*? Podría decir: "Bueno, cómo puedo cambiar mis sentimientos ante una situación tan injusta como ésa?" Algo que ayuda es estar consciente cuando se presenta una circunstancia obvia de "pobre de mí," e intentar reaccionar antes de que todo se descontrole. Ése es el primer paso. El siguiente es tranquilizarse y neutralizar sus reacciones. Así obtendrán un punto de vista más amplio respecto a la situación exacta. En este caso, mi amiga tuvo que preguntarse, "¿este trabajo formará o terminará con mi carrera?" Bueno, ¡por lo menos no destruyó la suya! Después de todo, fue un trabajo de una clase en todos sus años escolares.

Por lo tanto, en situaciones como la anterior deben tomar una decisión. ¿Vale la pena gastar todo ese tiempo y energías sintiéndose mal? Si dedican unos minutos para calmarse sería como un salvavidas porque se podrían ahorrar tener los ojos hinchados de tanto llorar, o sentir la necesidad de comer lo que tengan a la vista. Asimismo, a la larga, les será benéfico porque la tensión se acumula en su organismo y, en algunos casos, les puede ocasionar muchos problemas. Así que en cuanto se desaceleren y se den cuenta de que los sentimientos negativos pueden repercutir en su organismo, que los agotarán y deprimirán, estarán preparados para continuar con su computadora del corazón para ver la siguiente información.

Mi amiga tuvo que comprender que tal vez su maestra *nunca* entendió la dedicación y el amor que le puso a ese trabajo. Cuando se sientan incomprendidos, pueden hablar con esa persona, aunque es probable que jamás se sientan totalmente comprendidos o escuchados. ¿Cuáles son sus opciones? Una opción *mental* sería volver a representar la escena, una y otra vez, lo cual produce sentimientos potenciales de resentimiento y una actitud imperdonable hacia la persona que no los comprende.

Este tipo de pensamiento nunca conduce a nada... ¡Necesito empezar a usar *mi* inteligencia del corazón!

Una opción del *corazón* sería decir algo así: "bueno, ni modo. Quizá nunca me comprendan así que más vale que ponga de mi parte y elija una mejor manera de reaccionar en mi organismo." De hecho, en esta situación, con el tiempo mi amiga llegó a la conclusión de que debía mantenerse neutral, si no tendría muchos problemas. Se convenció de que la maestra simplemente no la comprendió. Después de todo, la maestra no supo cuánto se dedicó a ese trabajo y no la podía culpar por eso. Mi amiga quería recobrar los buenos sentimientos que le tenía a esa clase y se sintió muy a gusto cuando recordó lo divertido que le fue investigar y escribir ese trabajo, así que perdonó a la maestra. El perdonar de corazón a alguien acumula energía positiva en el organismo. La mayoría de las personas sienten que cuando perdonan a alguien es porque le hacen un favor. Nada más dénse cuenta que *ustedes* se están haciendo un gran favor porque liberan ese *pensamiento absurdo* y el resentimiento de su organismo. Eso es usar la verdadera "inteligencia del corazón".

Por ejemplo, el día que recibió su trabajo iba a ir a un concierto en la noche con una persona que le interesaba. Si no detenía esas emociones negativas y dejaba de sentirse mal, lo más probable es que echara a perder toda la velada. Su compañero habría sentido los efectos de su desdicha o a una persona con menos energía, sin mencionar que ella hubiera tenido que ocultar sus ojos hinchados, además de sentirse explotar por tanto comer. Esta niña logró controlar sus emociones, calmarse, y tener un punto de vista más amplio. Así que perdonó a la maestra, se liberó de las emociones negativas, y se comportó con madurez. Esto le produjo un sentimiento de autoestima. ¡Así es! Tenía el beneficio de ir al concierto en la noche y pasar una velada agradable con su compañero. Quizá él percibió los efectos de su esfuerzo por el brillo de los sentimientos alegres de ella, porque es obvio que a él lo atraía su energía positiva.

Ven, todo se basa en la manera en que veamos las situaciones, desde el corazón o la cabeza. Depende de ustedes, de todos nosotros, porque tenemos el poder de cambiar diariamente nuestros organismos. ¡Inténtenlo! Tienen el sentido de la experiencia. ¡Recuperen su control!

Cómo obtener fuerzas

Para mí, la vida ha sido un torbellino de
    sentimientos.
En un momento es sensacional, ¡y al
    siguiente me derrumbo!
Enojado o triste, ¿dónde quedó ese
    maravilloso sentimiento?
Me pregunto y reflexiono, y pienso
    durante mucho tiempo.

No encuentro la respuesta, hasta que un
    día observé
a un amigo que me dijo, "¡Espera por
    favor, y sé amigable conmigo!"
(así puede ser un *verdadero* amigo, ¿lo
    ves?)
Si amas y escuchas, las palabras de un
    amigo pueden ser la clave.

"Oye, ¡*tú* eres quien controla la manera
    de sentir!
Depende de ti, ¡ya sea que estés hasta el
    cielo o en el suelo!
Oye, ¡*tú* eres quien controla tu propio
    programa de radio!
Ese poder está dentro de ti, "eso ya lo
    aprendí".

Cuando me dijo la palabra "radio",
    entonces pude ver
que un sentimiento no es más que una
    frecuencia (¿Podría ser?)
Si puedo sintonizar una estación de rock,
    o la que me guste,
y luego, ¿adivina qué? ¡podré bailar,
    bailar y bailar toda la noche!
Pero, ¿y mañana, cuando el día no sea
    tan brillante?

¡Ay! ¿dónde están esos controles? ¡ya
    quiero empezar!
Mi amigo dice, "¡Calma, cuate, empieza
    por tu corazón!"
Deja que tu *corazón* reciba una o dos
    señales.

Entonces, *usa* tu corazón, y controla lo
    que haces.
Ahora, cuando me suceden cosas, no
    solo me quedo ahí a *sentir*,
primero sintonizo mi corazón, ¡es mucho
    mejor trato!
Si me siento triste, sintonizo algo simpático
    que me hace sonreír;
si estoy preocupado, cambio de estación
    ¡y me calmo por un rato!

Para controlar el corazón se necesita
    práctica, y lo estoy logrando.

¡No voy a permitir que esos sentimientos
    me acaben ahogando!
Los combato ahora, como un jugador de
    hockey.
Como interiormente estoy tranquilo
    —¡simplemente soy mi disc jockey!

Escrito por un amigo

Notas

Cómo activar
La fuerza interior

¿**R**ecuerdan alguna ocasión en la que se sintieron bien cuando por fin lograron algo específico que querían hacer? Ese sentimiento es la autoestima que brilla dentro de ustedes. A veces, pueden sentirse no muy bien, sobre todo cuando se desvían y *no* terminan lo que decidieron hacer. Cuando eso sucede, tienen una opción a su reacción. O se desalientan y tratan de olvidar que volvieron a caer en esa vieja costumbre, "bueno, de todos modos no me importa". O *se estimulan* y vuelven a intentarlo. Si quieren adquirir ese brillo interior, ¡vale la pena tratar de nuevo!

Cuando eran chicos, quizá escucharon a su mamá pedirles que practicaran un instrumento musical. De nuevo hablamos de tener que practicar algo. Tal vez ustedes pensaron: ¿practicar, para qué? A veces nada más quiero hacer lo que deseo. En ese momento deben darse cuenta de que lo que ahora hagan depende de sí mismos. Eso es porque quieren tener algo antes de siquiera tener el poder de buscarlo. A eso se le llama deseo. El deseo es como la gasolina de un carro; los llevará a dónde quieran, pero antes tienen que pisar el acelerador. El levantar el pie y colocarlo sobre el acelerador es una práctica. Para ser un buen conductor, tienen que practicar. Un héroe de futbol americano tiene que practicar para poder ser bueno. ¡No nació con el ovoide en la mano! Aprendió las reglas del juego y practicó. La práctica lleva a la autoestima.

En el fondo de su corazón sabrán si en realidad quieren ser más que un títere de la sociedad. Ya saben, ese sentimiento dentro de ustedes que les dice, "sólo quiero ser yo". ¿Pero cómo? Un buen principio sería comprender que al llegar a la adolescencia se vuelven responsables de sus elecciones y acciones. El ser joven y algo novato en este deber de responsabilizarse puede ser más difícil de lo que en ocasiones creen. Pero si aprenden la *inteligencia del corazón* durante su transición como adolescentes, podrán tomar decisiones equilibradas y contarán con el poder de salir adelante, ¡qué buen inicio tendrían! Diríjanse a su corazón (ese lugar dentro de ustedes al que le hablan) y pregúntenle, "¿es ésto lo que quiero? ¿es la acción más eficiente para mí?" ¡Claro, es un reto, pero lo pueden hacer! Mientras más lo hagan, más crece ese buen sentimiento en ustedes. Ese sentimiento proviene de su corazón y analiza lo que en realidad es lo mejor en cualquier situación. Si los orilla a algo que no sienten que sea lo mejor, vuelvan a su computadora y practiquen de nuevo. Una vez que acumulen varios de esos buenos sentimientos, empezarán a sentir que se desarrolla una fuerza interior y que no nada más se trata de un día de suerte. Ahí es cuando realmente comienzan a sentir seguridad. Tener la inteligencia del corazón adolescente se llama auto-estima. Ése es un buen logro.

¡Es tan sencillo como aprender a nadar! ¡Nadar una y otra vuelta hasta que sean buenos! Sigan tomando decisiones que los haga sentir bien, y luego llévenlas adelante. ¡Practiquen! Están fortaleciendo

Fuerza interior... ¡allá voy!

los músculos que los harán más fuertes, lo bastante fuertes como para hacer, o tener lo que quieran en la vida. ¡Pero acuérdense que estamos hablando de los músculos del corazón! La verdadera fuerza viene de este órgano. Si tienen la fuerza para revisar su corazón, escuchar lo que les dice y aplicarlo, harán lo correcto. No solo eso, ¡También se sentirán cada vez mejor! Es probable que terminen diciendo, "nunca me imaginé que sería parte del equipo de natación. ¡La hice!".

Créanme, el poder de ser uno mismo, de seguir a su corazón, no es algo que ustedes consideren tan importante. ¡Por favor, piénsenlo de nuevo! Nada más imagínense que van a iniciar el camino de la vida siendo ustedes mismos y con un corazón inteligente. ¡Solo se trata de que piensen con inteligencia! ¿Necesitan un ejemplo?, a ver qué les parece éste. Todos los muchachos van a la fiesta con la idea de hacer lo que todo mundo hace en la noche. "Ah, no," dicen, "¡ahí viene otro sermón!". ¡No debe ser así! Recurran a su corazón para establecer un equilibrio de lo que sería bueno para ustedes y apéguense a ello! ¿A veces es bueno seguir a los demás, verdad? Pero vale más la pena el mantenerse firme y tener una actitud distinta de autoestima. No sólo acumulan más poder, ¡sino que empiezan a demostrarlo!, no se trata de presumir, sino de irradiar su propia fuerza por sí mismos, y no necesitarán de palabras. Como dice el dicho: "Las acciones valen más que mil palabras." Quizá a la gente le suene divertido, pero podría deberse a que, interiormente, se sienten más débiles, y puede ser que los ataquen.

Esto es muy importante. Espero que me escuchen. Esas personas que se ríen, no las juzguen ni se sientan superiores a ellas. Si les agrada toda esta idea de adquirir una fuerza interior, no se detengan. Para que puedan lograr su propio poder y hacer lo que desean, primero deben tener el poder de comprender y perdonar a la gente. Ése es el verdadero poder que nadie les puede quitar. Ustedes hacen lo que desean porque va de acuerdo con lo que les dicta su corazón y se sienten bien, mas no por que a los demás les agrade.

¿Qué hacen sus amigos que a ustedes les disguste? Traten de recordar cuando tomaron la decisión de seguir un camino distinto y la mantuvieron. ¿Cómo se sintieron? Sin embargo, acuérdense que los demás nunca los respetarán o podrán verlos como son si ustedes no respetan sus decisiones. Las opciones que toman son suyas. Sosténganlas, compártanlas, si es que alguien desea escucharlas. Pero, por favor, no juzguen a las personas por lo que hacen. Ellas hacen lo mejor que les permite su fuerza interior ya desarrollada. Deben hacer lo correcto para ayudar o demostrar a los demás cómo ayudarse a sí mismos. No se preocupen si a veces se sienten bien y después cambian. Revisen su corazón y luego vuelvan a ajustar su programa. Así podrán seguir descubriendo lo que les sea adecuado mientras acumulan autoestima, lo cual les proporcionará el mejor paseo de la vida.

Practiquen todo esto, domínenlo, y después la experiencia de su corazón les ofrecerá soluciones a los problemas. La práctica genera el poder de tratar con lo que se presente en su camino. La fuerza interior puede demostrar que, si primero crecen *interiormente*, hará que el "desarrollo" sea más divertido. La magia de la autoestima es la recompensa a dicha práctica. ¡Crezcan junto con ésta y búsquenla!

El máximo sueño

La autoestima es el máximo
sueño. Hace que la vida se
sature de instantes agradables.
Es un verdadero regalo de lo
más profundo de tu corazón. Si
te preocupan los demás, realiza
ese cambio en tu cabeza
analizadora, clasificadora y
procesadora para que lo sientas
en lo más profundo del corazón.

La verdadera recompensa,
la esencia real de la vida, te la
dará la experiencia en la misma.
Tu corazón está ahí para darte lo
que necesites. Nada más
escúchalo con atención y
encontrarás la razón.

Así que ahora de ti depende
la chispa de la vida. Sé tu propio
amigo, ¡tu sueño hecho
realidad! Tu máximo y sólo
espera la oportunidad de ser.
Mantén tu corazón abierto, la
clave es la autoestima. Y así
deber ser. ¡Sólo yo!

Escrita por un amigo

Notas

La autoestima
Un tema triunfador

Muy pocas personas sienten que tienen una autoestima completa en todos los aspectos, pero *todos* desean tenerla. En muchas ocasiones, los niños más populares de la escuela parecen contar con una gran cantidad de autoestima. Pero es probable que nada más lo tengan en un aspecto escolar, como futbol, debates o música. Aun así, pueden tener muchas inseguridades y problemas en sus empleos, con sus padres, amistades, etc. La autoestima no existe en los campos de sus inseguridades.

Para adquirir este sentimiento, primero tienen que empezar por quererse y creer en sí mismos. Traten de no tomar tan en serio sus errores. Más bien, considérenlos como una *aventura* de la vida, o como experiencias de las cuales aprenden. Existen muchas historias ciertas respecto a personas triunfadoras que fracasaron una y otra vez, pero siguieron intentándolo. No les preocupó cuántas ocasiones fracasaron o cometieron errores. Algunas de ellas admiten que en el futuro pueden volver a fallar pero que, a pesar de todo, continuarán tratando porque ya no le temen al fracaso. Cuentan con suficiente autoestima como para visualizar el fracaso como parte del rompecabezas y la aventura de la vida, ¡y una oportunidad para aprender y crecer! Por ejemplo, se pasan toda la semana muy nerviosas porque quieren invitar a salir a una muchacha. Le preguntan y les dan un "no, gracias". (¡Pácatelas!) El proceso mental les puede provocar un sufrimiento a causa de una disminución de su ego y un rechazo. El pensamiento que proviene del corazón les da la fuerza para "liberarlos y seguir adelante". No hagan un drama por ello. Levántense y sigan caminando. No se aíslen de tal modo que su felicidad dependa de la aprobación o atención de los demás. El *escape* es trabajar con el corazón.

La autoestima se genera cuando se pacifican los obstáculos, al mismo tiempo que de una manera divertida y agradable buscan cómo superarlos. Por ejemplo, un muchacho podría intentar ingresar al equipo de futbol americano y fracasar. Digamos que decidió acercarse a su corazón a hacer las paces con ello, sin permitir que le preocupara el formar parte o no del equipo. Luego, a los dos meses, a un jugador lo transfieren a otra escuela, y queda un lugar en el equipo. Le pidieron ser el suplente. Con el tiempo y la práctica de la inteligencia del corazón, aprendió a tener seguridad interior. Ya en el equipo, se divirtió y lo disfrutó *de más*, y aun sin lo anterior, todavía contaba con su seguridad, así que no le podían quitar nada. Aprendió que si uno no se arriesga en la vida, ¡nunca podrá quererse a sí mismo!

Conforme comprendan que nadie es mejor que los demás, sino que cada quien es único, entonces notarán que todos tienen muchas oportunidades para progresar y adquirir más diversión, paz, aventura y felicidad. Piensen en un aspecto de su vida que sea diferente o lo consideren como un reto. ¡Intenten ver la vida como una aventura! Traten por un momento de hacer las paces de manera constante con lo que se presente en su vida. La vida no los golpeará tanto cuando las cosas se vean difíciles e inestables. Una actitud de comprensión es la que les da el poder para mantenerse en paz durante los altibajos, y seguir adelante. Cuando dejen de compararse con otras personas, comenzarán a tener más confianza en sí mismos. Entenderán que cada uno tiene un camino qué seguir en la vida, que es único y distinto al de los demás. No juzguen o envidien estar en los zapatos de otra persona. Aprendan a obtener lo máximo de los suyos. ¡Se quitarán de problemas!

Pueden hacerse juegos. Por ejemplo, si tienen un desacuerdo o malentendido con sus papás, en vez de que se enojen, molesten o se sientan mal, podrían practicar cómo estar en equilibrio con ellos y con su corazón. No pierdan el buen humor. Quiéranlos y entiendan lo que les quieren decir. No los juzguen por opinar. Si practican esto de manera constante podrán adquirir un mayor sentido de fuerza y autoestima. Si ustedes se encuentran convencidos, ellos se darán cuenta que son más maduros y quizá querrán escucharlos con más atención. Sus sentimientos de paz interior serán mayores, ¡lo cual les da un sentido más grande de fuerza y autoestima!

A pesar de lo que la vida me ofrezca, seguiré practicando el hacer las paces con ello. Trato de cuidar de mí mismo y de los demás. ¡Ayuda tanto, que lo que hagan o digan otras personas no me desequilibra! Estoy aprendiendo a disipar los pensamientos o sentimientos negativos que surgen. Así creo mi seguridad interior, y lo que se presente forma parte de la aventura de la vida. ¡Ustedes también lo pueden hacer! Si algo les parece bien, agradezcan que llegó a su camino; y si no es tan bueno, hagan las paces con eso, de este modo generan el poder de cambiar lo que quieran. ¡Puede parecerles muy sencillo! Si lo practican con continuidad, les apuesto que en muchas ocasiones notarán que las situaciones no muy agradables parecen solucionarse. ¡Parecerá que se resuelven más rápido que antes! Cada vez que practiquen, crearán una reserva de confianza y autoestima enorme. Así contarán con más capacidad para ayudar a los demás, lo cual considero la aventura más divertida y satisfactoria. La autoconfianza es como tener una tarjeta de crédito gratis para los acontecimientos agradables que se presenten en la vida! !Utilícenla ya!

Los juicios
Las inversiones inútiles

Hablemos de los juicios y la seguridad y cómo se unen. Conforme aprendí a encontrar mi seguridad interior, noté que ya no debo juzgar a los demás. De hecho, es una inversión de energía inútil. Cuando me sentía inseguro, me comparaba con otras personas y solía juzgar sus acciones para poder sentirme mejor. Éste es un ejemplo de otro amigo:

"Una noche, estaba con un amigo practicando un juego de video. Me destruyeron y me di cuenta que ya no tenía jugadores. Por otro lado, mi amigo siguió jugando y todavía tenía bastantes vidas. Me sentí inseguro y pensé: "es mejor que yo. Yo nunca llego tan lejos." A partir de ese momento, empecé a criticar a mi amigo porque hacía jugadas tontas. Lo fastidié y cada vez que perdía una vida, intentaba desanimarlo. Aun sin saberlo, estaba juzgando a mi amigo. Lo hacía porque sabía que jugaba mejor que yo y me sentí inseguro. Así que descargué mis sentimientos de inseguridad en él. No me di cuenta que él podía sentirse mal o que quizá sólo me divertía. Lo cierto es que no era eso lo que yo buscaba. No vi de qué forma le afectaron mis palabras. Es más, regresé a mi casa y no me sentí a gusto. Más bien debí haber comprendido: 'es mi amigo y me gustó que juegue mejor que yo'. Pero para darme cuenta de ello, *primero* debía sentir mi propia seguridad."

Le pedí a mi amigo que volviera a contar la historia, y que, ahora que sabe más sobre la seguridad, cómo controlaría ese juego. A veces no tiene ataques de seguridad, y esto es lo que puede hacer. Ahí les va. Por favor traten de mantener la mente abierta y diviértanse mientras leen:

"Me destruí y ya no tenía jugadores, pero mi amigo todavía tenía muchas vidas. El juego se terminó para mí, y él siguió jugando y divirtiéndose. A pesar de que perdí, sabía que jugué lo mejor posible, o sea que me esforcé. Así que me quedé junto a mi amigo viendo su juego. En lugar de criticar sus movimientos equivocados, lo felicité por los buenos. Era más divertido para los dos. No tuvo que preocuparse por lo que yo pensara si perdía o no. Se me olvidó que había perdido y me divertí más viéndolo jugar, como si jugara con él. Después del juego, le dije que jugó sensacional. También le pregunté si me ayudaría a aprender mejores estrategias y jugadas. Me dijo, ¡claro!, nos fuimos sintiéndonos superbién y nos divertimos mucho!"

Suena como si dos personas salieran a cenar después de ver una buena película, ¿verdad? La razón por la cual la segunda historia resultó así es sencilla. Si sabe

Menos juicios = ¡más diversión!

que se esforzó e hizo lo mejor posible, siente una seguridad interior. Tal vez no tenga tanta experiencia como su amigo, ¡pero es bueno! ¡Como ven, el juzgar a los demás y carecer de seguridad interior es un desperdicio de energías! Sería mejor si aplicaran su energía para saber que ustedes son la mejor persona que pueden ser, y que a pesar de alguna situación, siempre ponen todo de su parte. Si toman esto en cuenta con más frecuencia, acumularán seguridad interior, y es probable que las cosas sean más tranquilas. Las situaciones que por lo general se ven muy difíciles, pueden parecer mejores. Quizá les sea más sencillo salir adelante sin tener que esforzarse tanto como antes.

Recuerden, los juicios son una inversión de energías inútil. ¿Para qué desperdiciar las energías en algo que sólo genera menos seguridad y diversión? Conforme aprendan a tener acceso a la computadora de su corazón, sobre todo cuando les sea muy fácil juzgar a alguien, encontrarán opciones eficaces que pueden producirles más seguridad interior. (En el siguiente capítulo hablaremos más de ello.)

Así que, básicamente, lo que trato de decirles, como amigo, es que si no juzgan y siempre mantienen su seguridad interior, ¡serán las personas más felices y se divertirán más!

Los cuidados
El enriquecimiento de la autoestima

Si permiten que su corazón sea su *mejor amigo*, la vida puede ser maravillosa. Será el mejor que tengan. El comprender lo anterior, sería la diferencia entre una vida feliz y una triste. En realidad es muy sencillo. Lo que significa es: ¿emplean sus energías de manera eficaz o ineficaz? Las energías son las que hacen funcionar los aspectos emocionales, mentales y físicos de su organismo. Si aprenden a controlar y equilibrar las energías en su organismo, las situaciones diarias harían de la vida un medio más amistoso. Es la salida a los nuevos comienzos que les ofrezca la vida.

Volvamos a considerar el concepto del sistema de una computadora, en el que su corazón es el cerebro maestro. Por medio del corazón llega el *control y el equilibrio* del que hablamos. El corazón es su llave a un mundo lleno de estímulos —alegría, paz y diversión diaria—. ¿No es lo que les gustaría que les diera su mejor amigo? Ahora, ¿cómo obtienen esta llave, esta experiencia del corazón? Existen algunos programas que pueden activar el cerebro maestro de su computadora. El primero es *el cuidado*.

Cuidar de la gente es uno de los rompecabezas de la vida que, cuando llegan a solucionarlos, conlleva una gran sorpresa. Hablemos un poco más sobre esto. El verdadero cuidado es una respuesta del corazón a la vida. Al cuidar, activan al corazón para que se sienta y externe los sentimientos. Los sentimientos del corazón son poderosos. Para comprender lo poderosos que son, en este momento traten de acordarse qué se siente estar muy contento y muy triste. Aun a la mitad de un desacuerdo con su mamá, papá, o mejor amigo, sabemos que todavía los quieren. El *cuidar* es recordar en el preciso momento. Al final de la discusión podrían terminar riendo y divirtiéndose en lugar de quedarse callados.

Cuidar desde el corazón crea un campo de energía magnético y poderoso alrededor de ustedes que puede empezar a atraerles más diversión y armonía en la vida. La vida tiene muchos dones y *está en espera* del momento adecuado para enviárselos. Es más, estos dones, como estímulo, alegría, amor y diversión, están diseñados especialmente para ustedes. La vida quiere que se diviertan, como la risa de un amigo. La vida está diseñada para crecer. Crecer interiormente significa aprender a cómo correr su sistema con más eficacia para que afuera produzca diversión. Tal vez de eso se trata la vida, esperar que todos obtengan esa inteligencia en el corazón para que puedan descubrir las sorpresas que surgen del verdadero cuidado. Todo lo demás pueden ser alternativas por las que optan durante el caos mientras logran corregir sus prioridades. La ruta a través de la confusión es el verdadero cuidado puesto en acción.

"Cuidar de los demás" quizá les recuerde una convivencia escolar, pero no sería muy inteligente juzgar con demasiada rapidez. ¿Les gusta que los quieran, los cuiden, y agradar a los demás? Para la gente, el verdadero cuidado tiene sentido, ya que proporciona los resultados que a ustedes les agradan, pero sólo lo sabrán si lo llevan a cabo. Las personas que practican el cuidado del corazón encuentran que ganan más que todo el dinero del mundo. Si no fueran del agrado de todo el mundo, entonces el dinero no sería divertido. Si anteponen a su corazón, obtendrán cuidados y el dinero se vuelve un *anexo*. Tal vez les suene muy cursi, pero es el sentido de la experiencia. Así trabaja la computadora de su corazón.

En la vida diaria, las situaciones siempre se presentan de tal modo que ustedes tienen qué elegir su manera de responder. Si juzgan la situación o a otra persona, accionan en su sistema el sentimiento del juicio. De hecho, asumen la actitud de que *saben* lo que esa persona debe o no de hacer. Intenten sentir esto desde el corazón. El juicio los aleja de esa persona. Elimina su cuidado. Es una manera ineficaz de emplear sus energías en forma positiva.

No juzgar es muy difícil. A veces estarán valorando algo y de pronto se verán juzgándolo. ¿Pero cómo saben qué se debe hacer en una situación dada, a menos que no estén totalmente en los zapatos de esa persona? Cuidar debe ser tener compasión de lo que sería estar en esos zapatos. Ningún ser humano tiene el derecho de juzgar a otro, sobre todo porque nunca sabrá por completo lo que es ser esa otra persona. Así que, si empiezan a sentir que están juzgando a alguien, cambien y cuiden no hacerlo.

Los juicios son engañosos. Surgen de manera automática. Practiquen el darse cuenta de que están juzgando a alguien y, conscientemente, cambien su enfoque a una actitud del corazón. La mente tiende a juzgar, pero conforme se dirijan al corazón, aprenderán a dejar a un lado los juicios y a remplazarlos por la compasión. Se requiere de práctica, en realidad qué no la requiere, si lo que desean es lograr un éxito (instrumentos musicales, golf, tenis, baile, etc.). *Vale* la pena practicar por el simple hecho de sacarse del organismo ese *pensamiento absurdo*.

Una vez estuve en una situación desagradable en la que todos los niños del salón molestaban a la maestra suplente. Ella temblaba y parecía que no sabía qué hacer. Pude haberla juzgado como débil y reírme de ella. Sin embargo, decidí practicar la compasión y eso me permitió ver que ella se sentía avergonzada y estaba a punto de llorar. Creo que de haberme reído junto con los demás, no me habría dado cuenta de ello. Al poner en acción ese sentimiento de compasión por alguien, comprendí mejor lo que debía sentirse estar en sus zapatos. Esta ayuda proviene del corazón. Los juicios se generan en la cabeza y sólo agregan energía negativa tanto a la situación como al organismo. Si añaden negatividad, puede ser que en ese instante se sientan bien, pero ésta les repercute en alguna otra área, ya sea mental, emocional, o físicamente. El verdadero cuidado es querer a alguien en silencio durante momentos difíciles. A veces eso es lo mejor que pueden hacer. A nivel de energías, la gente recibe su energía positiva y ésta regresa a ustedes de algún otro modo. El planeta está hambriento de energía positiva, así que alimentémonos con cosas sanas.

Practiqué el cuidado desde mi corazón con compasión en situaciones diarias. Comprobé que esos juicios eran un uso muy inútil de mis energías. Si dan buenos resultados. Conforme lo practiquen, llegarán a comprender cómo funciona todo. El sentir compasión por una persona los conduce a lo que se llama un punto de vista amplio. Es cuando perciben un panorama más amplio de lo que en realidad sucede. Quizá no lo entiendan muy bien, pero por lo menos notarán que las personas funcionan al grado de que ya practicaron el autocontrol. Si lo comprenden, se adaptarán con más tranquilidad a las situaciones, además de que se ahorran mucha tensión. Es probable que hasta les proporcione una visión creativa de cómo ayudar. Piensen en alguien a quien juzgaron, y traten de sentir compasión por esa persona. Tal vez las primeras veces se sientan extraños, pero igual les sucede la primera vez que intentan andar en bicicleta. La práctica les dará buenos resultados, sobre todo cuando empiecen a sentirse mejor respecto a sí mismos, es decir, a tener autoestima.

Véanlo en blanco y negro. Juzgar a un ser por lo que haga no es el uso más idóneo de la energía. Dejen que la vida juzgue y sentencie a las personas, ya que cuenta con un sistema sofisticado y con un punto amplio y equilibrado para hacerse cargo de dichos asuntos. Hagan un proyecto de aprendizaje ameno sobre cómo controlar sus energías, y su recompensa será la autoestima. Si se esfuerzan un poco, pronto empezarán a sentir nuevos tonos de felicidad. Imagínense la vitamina que recibiría la Tierra si la gente se preocupara por pensar y sentir tanto como se preocupa por lo que comen y visten. Es muy válido que se preocupen por sus aspectos físicos, pero es posible que las personas necesiten dedicarle más atención a su proceso de pensamiento y control emocional. Sin ello, tendrían una salud física perfecta y aún así estar muy lejos del sentimiento de paz. Sí, muy lejos. Es muy conveniente aprender la inteligencia del corazón mientras todavía se es joven, de ese modo, posteriormente, no tendrán que olvidarse de muchas cosas. El crecer no se basa tanto en las nuevas costumbres que deben aprender, sino en deshacer las malas que desarrollamos y con las que vivimos.

El cuidar de manera sincera por la gente, es una forma inteligente de emplear sus energías, una inversión muy sabia en el juego de la vida. Recuerden la ecuación: lo que externen, será lo que reciban. Mientras más cuidado dediquen a su vida, más cuidará la vida de ustedes, y les ofrecerá aventuras divertidas, excelentes amigos, y una verdadera seguridad interior. Los cuidados solo son las experiencias buenas de la vida.

Así que: Juzguen menos
y menos tensión sentirán;
cuiden más
y más alto llegarán.

Notas

Las amistades
En las buenas y en las malas

Este tema, "las amistades," debe tocar un poco el corazón de todos. Vuelvan en este momento a la computadora de su corazón y escuchen esto: para mí, los amigos valen *mucho* más que todo el oro del mundo. ¿Pero qué es un amigo? Es fácil, un verdadero amigo, de corazón. Los amigos no se eligen con la cabeza. Un verdadero amigo nace desde el fondo de su corazón. Un amigo de corazón es una de las mejores cosas que la vida ofrece. Sólo a ese amigo íntimo le pueden contar cualquier cosa, la historia sobre la cita de anoche, hablar horas por teléfono con él, reírse de los buenos momentos, y ser ustedes mismos.

Se requiere de mucho amor para ser un verdadero amigo, el tipo de amor que no cambia aunque el amigo cambie. No siempre es sencillo querer a alguien por ser él mismo. Parece que las personas quieren que los demás hagan y sean como ellas desean. Sin embargo, al hacer amistades, la gente cambia mucho, y los verdaderos amigos siempre están ahí. ¿Cómo lo logran? ¿cómo pueden estar para sus amigos a pesar de que sus caminos sean distintos?

El ser humano siempre crece y sigue su camino en la vida. Puede ser que sus amigos no sean iguales que cuando eran sus mejores amigos en el kinder. En su corazón podrán estar en contacto con la persona que les interesa. El cuidado es el significado real de

Ya sea que compartan un atardecer o se diviertan en una fiesta, no hay nada en la vida como un verdadero amigo.

la amistad. *No se trata de lo que pueden obtener de ella, sino lo que ustedes puedan ofrecer para que esa amistad crezca.* Los verdaderos sentimientos de lo que es cuidar significan el querer que alguien esté bien y que tenga las mejores oportunidades en la vida. Eso es lo mejor que ustedes quisieran para su amigo. Ahora, inviertan esta clase de amor en las personas, y lo más probable es que reciban a cambio verdaderos amigos que también estarán siempre con ustedes. Así que, recuerden, no pueden tener demasiados amigos. ¡Pero mientras más, mejor! Mientras más amigos tengan, se divertirán más.

Una gran ventaja de contar con un verdadero amigo es que les dará la información que necesitan escuchar, no sólo lo que quieren que les diga. No hay nada como el tener un amigo con quién practicar la inteligencia del corazón. Cuando es obvio que uno de ustedes no está trabajando con el corazón, el otro se lo puede recordar. Puede ser muy agradable compartir entre sí de ese modo, y les ayudará más rápido al autocontrol. El tener un amigo que en verdad los comprenda, es el oro del que yo hablaba.

Querer a una persona no quiere decir que ella siempre les querrá igual. Así que quiéranlos por quienes son y sigan por la vida. Quizá les cueste trabajo, pero vale la pena. Si mantienen abierto su corazón, sus amistades no se estancarán. La vida les ofrece muchas personas a quien querer. Lo importante es que recuerden dar las gracias, porque son un regalo de la vida. Este agradecimiento les ayudará a tener en mente la fortuna que tienen al contar con buenos amigos, aun si sólo son uno o dos.

Vale la pena cultivar las buenas amistades. *Cultivar* significa recordar que su amistad vale mucho más que una diferencia absurda. Acuérdense que los verdaderos amigos lo son en las buenas y en la malas, no sólo cuando las cosas van de maravilla. Es muy fácil. Simplemente quieran a sus amigos y siempre sean el mejor amigo que puedan ser. Ése es uno de los rompecabezas tan sencillos de la vida, ¡y la recompensa es fabulosa!

Notas

Notas

Con o sin
Ser inteligente en las relaciones

Las relaciones amorosas que duran son en las que al principio, o por lo menos en el transcurso de la relación, se vuelven buenos amigos. La fase del enamoramiento es eso, una fase llena de novedad y romance. A la gente le encanta ese sentimiento emocional tan fuerte, pero de igual modo puede ser una vuelta en una montaña rusa que los deja pensando si en verdad vale la pena. Cuando su relación se forma de una verdadera amistad, coloca una rampa sólida abajo. La rampa no se arriesga a la vuelta, la hace más segura y divertida.

Una relación especial con alguien de cualquier edad conllevará retos. Los retos que se trataron por medio de la computadora del corazón los conducirán a mejores y más profundos sentimientos de los que ya tenían. Antes de que continuemos, ¿qué hay de los retos de no contar con una persona especial en su vida? Existen retos cuando no cuentan con alguien, al igual que cuando sí lo tienen. De una u otra forma, el reto siempre estará ahí. La vida les ofrece, en diferentes momentos, la oportunidad de sacar el mejor provecho de cualquier situación, así que pueden intentar que su corazón crezca más fuerte. Estén o no solos, casi pueden hablar de ambas experiencias. En realidad deben realizar el mismo trabajo **interior** para que puedan descubrir qué es lo mejor para ustedes. ¿Les suena un poco raro?

Vea el ejemplo de dos personas cuya relación ya no se encuentra en las primeras etapas de alegría y novedad. Empiezan a surgir las diferencias como la preocupación de la propiedad de cada uno, junto con los altibajos de siempre. ¿Qué hacen ahora? Bueno, en este caso, la mayoría de las personas discuten, pelean, deciden que ya no se aman, y se separan. Pero recuerden que hablamos de ser amigos y de los cimientos que pueden formar. Encontrar un amigo y ofrecerle su amistad de corazón, es una de las inversiones más importantes que hagan en la vida. Por lo tanto, si se separan, pueden hacerlo de manera pacífica, seguir como amigos.

La gente siente que cuidar de alguien desde lo más profundo del corazón los deja vulnerables a que los pisoteen y lastimen. ¿Y qué creen? Es al revés. Lo profundo de su corazón es quien los levanta después de que su mente los hizo vulnerables al esperar demasiado de los demás. Muy en el fondo de su corazón, pueden estar vulnerables, mas no los pueden amenazar. Pareciera que las amenazas vienen del corazón, y es la cabeza la que las establece para que dañen las relaciones, como: expectativas idealistas; basar su felicidad en las acciones y opiniones de los demás; celos por no haber creado su propia seguridad; buscar la felicidad al *querer* en lugar de dar, etc. Todo eso proviene de la mente. El corazón se mezcla en parte, pero el corazón maduro, seguro y profundo, no. La intención de este libro es ayudarles a desarrollar esa clase de profundidad en el corazón.

Después de que establezcan la madurez de la profundidad del corazón, entonces las relaciones les pueden ofrecer algo, pero no podrán llevarse mucho de ustedes. Quizá, de corazón, les gustaría ser firmes y seguros de su poder y no depender de las "pilas" de los demás. ¡Ajá! ésa es la experiencia de la vida.

¿Así que qué hacen si su relación empieza a decaer? Vuelvan a su corazón y recuerden que aman a esa persona. No les deben nada, sólo los aman. Amar a alguien y apreciarlo por quien es, es la base de la amistad que están formando para amistades más profundas, y mejores tiempos.

Aprender a querer a una persona sin esperar que haga o no algo es una de las claves más importantes para adquirir seguridad en su corazón. Puede ser que piensen: "¿cómo voy a obtener lo que quiero si no tengo expectativas?" Si buscan la seguridad de su corazón, es más probable que la vida les ofrezca lo que en realidad desean. Es un don que la vida quiere que ustedes tengan de una forma u otra, por eso existen los retos. La seguridad del corazón, el poder de amar a alguien y que ese amor regrese o no a ustedes de la manera en que quisieran, es el verdadero *poder del corazón* en acción.

Veamos otro ejemplo de dos personas, la primera tiene una relación, la otra no. La primera dice: "si tan solo sacara algo bueno de esta relación, ¡sería lo mejor que me podría pasar!" La segunda comenta: "si pudiera encontrar a alguien, ¡sería lo mejor que me pudiera suceder!" Así que con o sin una relación, ahí vamos dando vueltas. Cualquiera que sea su situación, de ustedes depende que lleven a cabo los cambios en su vida que marquen la diferencia entre tener o no seguridad en el corazón.

Tengan o no pareja, la seguridad en el corazón es un reto. Simple y sencillamente se trata de la vida, la cual les ayuda a profundizar en su corazón y encontrar la paz verdadera y ser feliz. En ustedes está si quieren tomar esos retos e ir en busca de ellos. A decir verdad, la felicidad nace de sí mismos, no del mundo exterior alrededor de ustedes. Primero busquen y desarrollen la seguridad de su corazón, y entonces lo que la vida les proporcione será algo que agregarán y no que les quitarán. Nadie los podrá hacer feliz si en primera instancia no son felices consigo mismos. Si es así, entonces si alguien aparece en su vida podría ser la mejor adición que les pueda ofrecer una relación.

Su corazón es su mejor amigo, que espera orientarlos de manera agradable, no triste. A una relación le pueden dar todo lo que guarden en el corazón en lugar de aferrarse a las antiguas costumbres de propiedad, posesividad y celos. Créanme, ese tipo de sentimientos nada más alejan a las personas, nunca las acerca. Sólo cuando dos personas sienten seguridad en su corazón pueden unirse con más profundidad y mantenerse juntos. Coloquen esa clase de unión entre dos personas y quizá encuentren lo que significa "son tal para cual". Si tienen o no alguien a su lado, no pongan la carreta frente al caballo. Primero busquen su propio desarrollo, el poder de su corazón, y acepten la vida como la aventura más increíble.

En pocas palabras, sean prudentes, y primero consoliden una relación firme consigo mismos. Así, otras relaciones tendrán una mejor oportunidad de triunfar, un consejo de la Inteligencia del Corazón.

Notas

Vamos a platicar
Cómo eliminar los pensamientos absurdos

La comunicación a veces parece tan complicada, pero en realidad puede ser un proceso sencillo. Cuando se comunican, externan un mensaje o idea, y alguien lo recibe. Algo que puede complicar el proceso de comunicación son las emociones que a menudo acompañan a ese mensaje. A muchas personas se les dificulta el poder controlar las emociones. En ocasiones la gente *parece* estar tranquila, ¡pero en un minuto explota!

¿Qué provoca estos arranques? Una de las principales causas es que con frecuencia uno permite que las cosas se acumulen y no dice cómo se siente. Después de un rato, puede llegar al punto en que se siente como, "¡caray, estoy perdiendo el control!"

Este ejemplo es de cuando, adolescente, empecé a emplear la computadora del corazón. (Por desgracia, en este caso, la computadora de la cabeza todavía estaba unida.) Un día llegué de la escuela y vi que mi hermana traía mis shorts (pantalones cortos). Cuando me vio, me dijo: "Ay, es que me los quería poner para la fiesta, no te importa, ¿verdad?" En voz alta, le dije: "No hay problema". Pero, por dentro, me hubiera gustado que primero me los pidiera. Durante las siguientes semanas pasó lo mismo más de cinco veces y siempre le contesté, "no importa", aunque interiormente sentía algo diferente. ¡¿Por qué a las mujeres les gusta ponerse la ropa de los hombres?!

¡Lo mejor es hablar antes de estallar!

Los procesadores de mi cabeza empezaron a agrandar el caso. Me enfermaba la idea. Un día, entró en mi recámara y empezó a buscar entre mi ropa. Ya no aguanté más y le grité: "¡Cómo te atreves a entrar así y agarrar mi ropa! ¡ni siquiera me la pides antes de usarla!" Mi hermana se me quedó viendo impávida, luego comenzó a llorar y salió corriendo. En ese momento me sentí muy mal por cómo le grité, ¡y eso era *peor* que el que me molestara que tomara mi ropa!

Éste es un ejemplo de cómo se acumula un problema cuando no expresan desde un principio lo que en realidad sienten. Para acabar con ese problema, sigan la filosofía de "comunicarse conforme se presentan las cosas y no esperar a que estallen". Suena lógico, es como darle un mantenimiento a su automóvil para que el motor no reviente. Pude haber evitado la explosión si desde la *primera* vez que mi hermana tomó mi ropa, le hubiera dicho que me gustaría mucho que primero me la pidiera. ¿Cómo iba a saber ella lo que yo prefería si no se lo *decía*? Me habría sido más fácil sentirme como un idiota por tardarme tanto en darme cuenta lo que debía externar, pero cuando me dirigí a la computadora de mi corazón comprendí: "Bueno, ni modo, fallé en esta ocasión, es obvio que no soy perfecto, y por lo menos aprendí algo nuevo sobre cómo funciona la comunicación! Ahora, debo decidir qué será lo mejor que debo hacer la próxima vez!"

Muchas veces evitamos decirle la verdad a alguien porque sentimos miedo de que no les guste lo que digamos. En el ejemplo anterior, pensé: "Si le digo a mi hermana que primero me pida la ropa, se va a enojar conmigo, va a decir que soy un egoísta, mejor no le digo nada". La verdad *no* es tan fácil, porque esas cosas que no dije se acumularon hasta que estallé, y después tuve que trabajar más. Tuve que luchar por volver a controlar mis emociones, y después encontrar la manera de hablar con mi hermana sobre el proceso de pedir algo prestado para que entendiera por qué exploté. ¿Ven? De todas maneras tuve que decir la verdad, *además* de acomodar el relajo que provocó mi explosión.

Intenten visualizar la comunicación de su verdad como algo positivo. Sé que preferirían tener a alguien que me diga la verdad, en lugar de que no les caiga bien o me rechacen, sin que sepan por qué. Si nada más recuerdo cómo me gustaría que me hablaran, eso me ayuda a *comunicarme desde el corazón* con otras personas esperando sinceramente que nos comprendamos.

Cuando practiquen con sinceridad la comunicación desde el corazón, notarán que tendrán menos temores sobre cómo podría reaccionar alguien a algo que ustedes dijeran. En lugar de preocuparse, "se va a enojar conmigo, va a pensar que soy un maldito", podrían considerarlo de la siguiente manera: ¿alguna vez te fijaste el *gusto* que les da a las personas cuando les dices que tienen un pedazo de espinaca en los dientes? Tal vez por un momento les dé pena, pero después *agradecen* que les hayan dicho, ¡eso es lo que harían los verdaderos amigos! En realidad, si a mi hermana le gusta usar mi camisa y espera seguir usando mi ropa, le gustaría saber cómo hacerme sentir bien al respecto: con sólo pedírmela antes. Decirle que es un favor para ella y para mí. Tranquilícense. Eviten que se les acumulen las malas actitudes en la cara, les aseguro que es mucho mejor. La comunicación es algo que pueden practicar en su siguiente conversación. Qué increíble: ¿qué pasaría si la mayoría de la gente empezara a mezclar un poco de comunicación en sus conversaciones? Las cosas serían mejor, ¿verdad? ¡Inténtenlo!

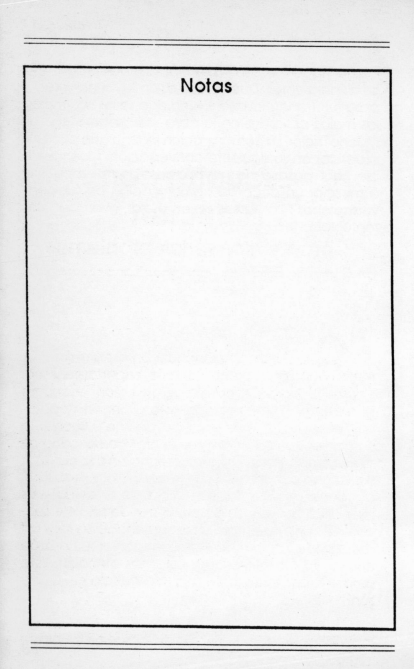

Notas

Escucha con atención
Cómo evitar serios problemas

¿**Q**ué significa "escuchar con el corazón"? O, mejor aún, una pregunta más importante sería, *¿cómo lo logran?* Cuando alguien dice,"escuchar con atención", en realidad está diciendo: "por favor, escucha lo que trato de decirte". Bueno, la verdad es que escuchar y oír es **más complicado** de lo que creen. Para empezar, pregunten a su corazón si escucha con atención. Entrenarse para escuchar, obedecer, y seguir las directrices de su corazón es muy difícil aunque su progreso puede ser más sencillo de lo que piensan. La recomendación más útil sobre cómo practicar sería pidiéndole a su corazón que les ayude a escuchar con más atención. Ésta sería la forma inteligente "¡La Inteligencia del Corazón!"

Escuchar es un verdadero arte. Para correr un programa de cómo escuchar con atención, tienen que aprender a bloquear sus propios pensamientos y sintonizarse en su corazón o en el de alguien más. Se requiere de práctica. Estoy seguro de que no muchas personas lo pueden lograr. Se necesita mucho control para escuchar la plática de alguien sin que ustedes corran al mismo tiempo su propio programa mental. Lo mismo sucede cuando escuchan a su corazón sin que los pensamientos los distraigan.

Cuando comencé a tener acceso a la computadora de mi corazón, me pregunté cómo podría escuchar a alguien que me platica sobre su mundo o sentimientos si yo estaba dividido, escuchando y hablando a medias conmigo mismo. Mientras hablaban, me di cuenta que perdía parte de lo que intentaban decirme. No puse atención.

Si en realidad *desean* escuchar lo que dicen, entonces quizá se encuentren *escuchando con atención*. El escuchar con atención desde el corazón es cuando aquietan parte de la plática mental y se dedican más a la frecuencia de atención. Por otro lado, es la otra mitad de la verdadera comunicación, que es hablar desde el corazón. Ahora, el escuchar con atención no significa que tengan que estar de acuerdo, sólo que escuchen todo. Cuando escuchan por partes puede escaparse el significado de las palabras de esa persona, lo que en realidad dice su corazón. Puede ser que no estén de acuerdo con la situación, pero si saben que de corazón escuchó y los oyó, sabrán en qué están en desacuerdo. El escuchar con atención también les da más poder para decir con claridad lo que necesiten mencionar después de que escucharon a alguien. Simplifiquémoslo, es muy inteligente querer escuchar todo para que la computadora de su corazón pueda obtener la información completa. Si escuchan desde el corazón, eso pasará. Se requiere de práctica.

El escuchar con atención es una habilidad inteligente que conviene tener. No solo les ayuda a comunicarse o a escuchar a otras personas, sino también aprenden a escucharse a sí mismos. Recuerden tranquilizarse un momento, revisar su computadora y solicitar el mejor mensaje. El escuchar con atención es un programa útil que puede ayudar a que uno comprenda el verdadero sentimiento de la comunicación.

Este ejemplo es el punto de vista de una amiga de lo que puede suceder si no escuchan con atención:

"Solía hablar con alguien sobre algo al mismo tiempo y discutir respecto a ello. Suena tonto, pero era *escuchar con atención*. Parecía que siempre discutía con mi novio sobre dos puntos de vista distintos. Él decía que, en el corazón, nos llevábamos muy bien. Yo le decía cómo me dolía que no sintiera mi expresión del corazón. Después hablaba y hablaba de cómo últimamente yo me equivocaba en todo. Yo me defendía. Luego él decía que yo misma le demostraba que lo que me decía era cierto. Y bueno, podíamos pasar horas así. Un día un amigo se acercó y preguntó: "¿Qué les pasa?" Ya para entonces, ambos estábamos muy cansados y heridos. Al tratar de explicar al oyente, los dos nos dimos cuenta que lo que desde un principio dijimos era lo mucho que nos queríamos y que cuando las cosas no iban bien extrañábamos ese sentimiento del corazón. Es increíble el lío en el que me metió mi mente para llegar a una solución simple."

¿Qué les parece? Si no se toman el tiempo adecuado para *escuchar con atención* desde el corazón en un instante estarán en la dirección opuesta. Pasa muchas veces. La gente deja que sus pensamientos vayan tan rápido que no se detienen verdaderamente a escuchar lo que la otra persona lleva diciendo todo el tiempo (o lo que dice su corazón). Esta pareja ahora tiene de qué reírse. Antes de discutir, se detienen y preguntan: "¿Qué me quieres decir?", y "Te *prometo* que esta vez sí te voy a escuchar con atención". Al escuchar, los niveles más profundos serán los que generen las soluciones que buscan.

Traten de escuchar muy bien lo que les diga esa persona y permítanle terminar la plática. Déjenlas que terminen aun si ustedes quieren comentar su punto de vista antes de que se les olvide. Es más importante que la otra persona sienta que la escuchan y la comprenden. Si lo que querían decir era importante, tarde o temprano su corazón se los recordará. Así que no dejen que surjan sus pensamientos e interrumpan a alguien con sus opiniones.

El escuchar con atención te permite dejar que alguien termine de hablar antes de que lo juzgues.

Después, digan su verdad y pidan que hagan lo mismo. Tal vez esto no resuelva el problema, pero por lo menos tendrán una mejor idea de lo que se trata todo. Es como un juego de ping pong. Es su tiempo, y el mío.

Recuerden, tiene que escuchar desde su corazón. Éste no juzga a las personas porque piensen diferente. Quizá no siempre estén de acuerdo, pero siguen siendo sus amigos.

Éste es un *juego divertido sobre cómo* ayudarles a practicar el *escuchar con atención*. Nada más observen cuando ustedes hablen (o debería decir, escuchen) con alguien, si pueden jugar a "no abrir la boca" hasta que la otra persona termine de hablar. Ahora, la parte complicada es: tratar de mantener su plática interior al mínimo. Es natural tener un pensamiento rápido; sin embargo, después pueden volver a escuchar con atención. Así que, buena suerte, inténtenlo. Pero, sean inteligentes. Utilicen su corazón no sólo para que les ayude a escuchar lo que les dicen; sientan que en realidad se quieren enterar. Ésto les ayudará a detener la plática interior y a que practiquen el poder de *escuchar con atención desde* la bomba del cuerpo humano. De hecho es muy divertido entrenarse a escuchar. Dénse una oportunidad y disfruten la gracia que acompaña el autoestudio.

Notas

Notas

Capítulo 13

¿Viven encerrados?
La salida

¿**Q**ué es una perspectiva elegida? Es cómo eligen ver las cosas. Si siempre seleccionan el mismo programa como su punto de vista, entonces se encerrarán. Traten de optar por un punto de vista más amplio de las cosas. Es divertido. El encierro los limita a ser demasiado rígidos en una situación, no les permite ser flexibles. Quizá vean las cosas muy blancas o negras, ya que creen que es de una u otra forma, sin variables. Las perspectivas se amplían. De eso se trata el desarrollo de los adolescentes, de ampliarlas conforme salen al mundo. Algunas de sus verdades actuales pueden cambiar, y lo harán. Cuando trabajan con las directrices del corazón, tienen la libertad de explorar muchas opciones que vayan de acuerdo a sentimientos de alegría.

Intenten nuevas experiencias, amplíen su panorama y no se encierren. Utilicen su computadora del corazón.

Éste es un nivel de presión importante por el que atraviesan los adolescentes. Un día, ustedes son unos adolescentes que van dando tumbos, sus padres les preguntan: "¿qué vas a hacer de tu vida?" Esta escena es muy frecuente y tiene un aspecto un poco conflictivo o rebuscado. Quizá lo primero que escuchen es, "¡tienes tanta suerte!, tienes toda una vida ante ti. ¡Puedes ser lo que quieras!" Los padres, debido a su sabiduría y amor, quieren ayudarles, pero de hecho presionan la situación al ofrecerles opiniones muy firmes sobre lo que deben hacer. Mientras tanto, ustedes se preguntan: "¿qué quiero ser cuando sea grande? ¿qué voy a estudiar?, ¡no sé!" Luego, la bomba: "Lo que ahora decidas afectará tu vida. ¡Más vale que tomes la decisión correcta!" En ese momento es muy posible que se empiece a acumular la frustración, ya que la mayoría de los adolescentes aún no saben lo que quieren.

¡Vaya comienzo! Lo chistoso es que cada una de las oraciones anteriores tienen algo de verdad. Así que, ¿cómo podemos armar nuestro rompecabezas sin que nos presionemos o confundamos cuando intentamos identificar las piezas y encontrar nuestra perspectiva? Como adolescentes, están en cierto momento de la vida en el que de veras tienen *suerte*, porque todavía no se encierran. ¡Conforme aprendan a emplear la computadora de su corazón, no tendrán que encerrarse!

**Me da gusto saber sobre el sistema de la compu-
tadora del corazón. ¡Ahora sí tengo la oportunidad
de identificar cuál es el verdadero yo!**

¿Que cómo pueden sacar adelante sus opciones sin encerrarse? Cuando necesiten tomar una decisión, *primero* elijan volver a la computadora de su corazón en busca de ayuda, en lugar de dejar que las opciones les den vueltas en la *cabeza*. Éste les puede ofrecer una perspectiva más amplia para ayudar a su cabeza a observar toda la situación tal y como es. La perspectiva más amplia los podrá orientar a que hagan lo que más les conviene. La mente puede crear un dilema cuando intenta ver el futuro y las probabilidades que podrían ser positivas o negativas. Asimismo, pueden iniciar una lista con todos los pasos que deben seguir para lograr una carrera, haciéndolos sentir como: "bueno, si quiero hacer esa carrera, debo decidirme *ahora* o nunca lo lograré". Si eso va de acuerdo con la perspectiva más amplia en su corazón, háganlo. Si no, esperen al resultado de su corazón.

Cuando acuden a su corazón, se acercan más a su verdadero yo. Éste les puede ayudar a encontrar y comprender la perspectiva más amplia que no los encierra. No es una debilidad. Ésa sería de nuevo la mente, insegura de sí misma. La computadora mental les puede dar la seguridad de que la carrera que elijan, que sólo es *una* parte de su vida, es lo más importante. NO HAY PROBLEMA. Hoy en día muchas personas no estudian una, sino dos y hasta tres carreras. Elijan lo que en este momento les parezca lo mejor, les divierta y sea práctico, habrá ocasiones posteriores en las que tendrán que tomar otras decisiones y llevarlo a cabo. ¡*Diviértanse* en la aventura de su carrera!

La actitud de "no hay problema" no les resta importancia a una opción, los ayuda a mantenerse en equilibrio. Una perspectiva equilibrada les ayuda a unir con mayor facilidad y alegría las piezas del rompecabezas de la vida. Les sugiero no encerrarse en una perspectiva limitada, ya que, al igual que el pensamiento, es su única oportunidad de hacerlo bien. Posiblemente en tres años más consideren otra opción que les agrade más. Todas las opciones en la vida son como un rompecabezas. Se pueden divertir o presionar al unir las piezas. Es su opción.

Las personas no sólo se encierran en la selección

de su carrera. Lo mismo les sucede en situaciones diarias. A continuación le presento una experiencia que tuve (cuando aprendía a utilizar mi computadora del corazón):

La última noche antes de los exámenes finales, un amigo me dijo, "¡¿qué importa?!, vamos a olvidarnos de la escuela y mejor nos vamos al cine!" Al principio, mi mente trató de racionalizar pensamientos negativos como: "Bueno, como de todos modos voy a reprobar, mejor me voy al cine", y "tengo que estudiar, pero es mi única oportunidad para ir al cine con mis amigos", y "si no voy con ellos, ya no me van a buscar". Si me hubiera dejado llevar por mis pensamientos, o la presión de mis amigos, me habría encerrado en que reprobaría. Sin embargo, preferí hacer a un lado esos pensamientos y recurrir a la computadora de mi corazón. Éste me dijo cosas como: "tengo que poner lo mejor de mi parte en esos exámenes", y "de todas maneras puedo ir a ver la película mañana en la noche, después de que presente el examen", y "si en verdad son mis amigos, les gustaría que me fuera bien". El corazón también me transmitió energía positiva para que tomara mi decisión. De hecho, disfruté mucho la película en otra ocasión, ¡porque no tenía que pensar en el examen mientras la veía! La computadora del corazón les ayuda a no encerrarse al ofrecerles una perspectiva más amplia y equilibrada sobre las futuras consecuencias de sus decisiones. Está ahí para trabajar por ustedes.

Mucha gente comenta cómo se apresuraron a tomar una decisión para tener una cierta seguridad que surge del sentimiento, "bueno, ya está". Algunos adolescentes toman decisiones precipitadas cuando van demasiado rápido, como el hacer algo para agradar a sus amistades. El problema es el siguiente: al preferir esa seguridad podrían envolverse o encerrarse tanto que no sentirán la libertad de aceptar una mejor idea proveniente de su corazón. Por lo general, la tensión es resultado de un conflicto entre mente y corazón. La mente les dicta que sigan un camino, y el corazón les recomienda ir por el opuesto. Para resolver el conflicto, permitan que hable la mente, luego recurran a su corazón y déjenlo hablar. En muchas ocasiones, los pensamientos parecen ser, *por el momento*, lo más alentador y satisfactorio. No obstante, cuando venga la calma, podrían pagar muchas deudas como consecuencia de una decisión rápida que tomaron al buscar un estímulo. Las opciones del corazón les dan un estímulo equilibrado y un sentimiento que es total y satisfactorio para todo su sistema. A veces, ustedes le pueden decir qué es lo mejor en ese momento, y en ocasiones la respuesta surge días después.

Yo no digo que no utilicen su mente. Úsenla para asimilar información y tomar una decisión con base en ella. Obtengan la información de sus padres y maestros. Si les dan una opinión sobre lo que deben hacer, platiquen con ellos. Pregunten por qué creen que así debe ser, y quizá les platiquen sobre una

Si no puedo transmitir esta energía a mi corazón, ¡más vale que me salga de este encierro y encuentre una solución!

decisión importante que tomaron cuando tenían su edad. Una comunicación de este tipo amplía sus perspectivas y les ayuda a tomar decisiones. El contar con un panorama más amplio les ayuda a sentirse seguros respecto a las elecciones que hagan. Sean ustedes mismos. Eso les crea una autoseguridad en sus decisiones. Pueden ser como son, sin sentirse amenazados por lo que alguien más diga o cómo sea. Dejen que los demás tengan opiniones, respétenlos y traten de comprenderlos. Recuerden, también es bueno que ustedes cuenten con sus opiniones. Utilicen la computadora de su corazón. Se requiere de práctica, ¡pero bien vale la pena!

Si toman decisiones con la mente y éstas las controla su corazón, contarán con la información de su corazón, la cual les ayudará a identificar qué camino tomar. Después, nada más pueden elegir si hacen las cosas a medias o las **hacen bien**. Mientras más se propongan poner lo mejor de su parte en algo, y en realidad se dediquen, más autoseguridad lograrán, pero lo que en verdad vale la pena es la confianza, energía y autoestima que resulta de saber que pueden hacer lo que se fijen. Cuando ponen lo mejor de su parte, avanzan en la vida. Si lo hacen a medias, se quedarán en ese encierro viendo hacia atrás y preguntándose: "¿y si hubiera *puesto* lo mejor de mi parte?" Las decisiones que toman desde la perspectiva del corazón les proporciona el panorama general para que hagan lo mejor sin presionarse. Así fue como descubrí el éxito y la diversión, al armar mi rompecabezas. ¡USTEDES también lo pueden hacer! Intenten hacer este experimento:

Escriban un conflicto con el que tienen problemas. Escuchen a su mente (sus pensamientos rápidos y automáticos). ¿Qué dicen? Ahora escuchen profunda y tranquilamente a su corazón. ¿Qué les dice? ¿qué decisión deben tomar?

Después de que lo practiquen, desarrollarán la habilidad de distinguir entre mente y corazón. Después empieza la diversión y la presión está a un paso de la puerta de salida. ¡Disfrútenlo!

Notas

Notas

Capítulo 14

¿Por qué decir no?
El verdadero problema detrás de las drogas

Es posible que este comentario los descontrole. Les diré por qué. Quizá se imaginen y preparen a que les dé un sermón sobre las drogas. Tal vez ya escucharon sobre los efectos negativos de las drogas y les han dicho tantas veces: "Nada más dí que no," que ya les taladra el cerebro. ¿Estoy en lo cierto?

Bueno, no tiene nada de malo que se instruyan sobre el tema. Eso eleva su inteligencia, la cual aumenta su poder para tomar decisiones con la inteligencia de su corazón. Tranquilos, no pretendo darles otra paliza acerca de las drogas. El problema en cuestión es más serio que las drogas. El abuso de las drogas sólo es el *síntoma*. El *problema* es la carencia de muchas personas de la verdadera autoestima sobre todo en los adolescentes. Así que a veces es mejor enfrentarse a los problemas desde la puerta trasera que la de enfrente.

A ver, piensen en esto: si la Tierra librara una "guerra de presiones", entonces disminuiría de manera favorable el uso de las drogas. Lo que pasa es que después de que a los niños les dicen: "Nada más dí que no," no tienen mucho con qué remplazar ese vacío y aburrimiento que experimentan dentro. Recurren a las drogas u otras cosas para liberarse, y después se dan cuenta que eso provoca un problema mayor. El problema requiere de atención.

Ahora vamos a hablar sobre el verdadero problema de la drogadicción, **la depresión**. ¿Sabían que esa depresión produce la liberación de hormonas negativas en su cuerpo, las cuales deterioran y agotan su sistema durante un período determinado de tiempo? Las drogas causan lo mismo, cambian los patrones hormonales que conducen de manera rápida al agotamiento. Puede ser que al principio se sientan bien con las drogas, pero al final agotan su sistema. Si la depresión libera hormonas que provocan el deterioro de su sistema, entonces tiene un efecto negativo como la droga. —¡Auxilio!— ¿A quién llamarían? "**Al Cazapresiones**." ¿Y ése quién es?, ¡pues USTEDES! Sería muy divertido tomar un entrenamiento para ser un *cazapresiones*. Así podrían introducirse por la puerta posterior y resolverían el problema de las drogas más de lo que alguien se pudiera imaginar. Los *cazapresiones* crean algo en lo que pueden depender con alegría y felicidad después de que "le dicen no a las drogas".

Con el acelerado ritmo de la vida, la gente llega

a perder el contacto con el verdadero sentimiento de la unidad familiar. La educación y ambición que se le enseñan a los adolescentes deben equilibrarse con las enseñanzas sobre el carácter, la adquisición de poder, y la discriminación del *corazón* (las opciones de la inteligencia del corazón). Estas prácticas de la inteligencia deben ser el tema principal en el programa para que los demás temas cuenten con un punto de partida sobre el cual formarse. Suena muy sencillo, pero un cazapresiones capacitado sabría que las soluciones mágicas de la vida se esconden detrás de la sencillez. Conste que no los estoy sermoneando. ¡Saben que no me atrevería!, nada más les estoy ofreciendo una recomendación, un secreto para que triunfen.

Si se vuelven un cazapresiones durante su adolescencia, imagínense la cantidad de frustraciones, dolores emocionales, y problemas de relaciones que eliminarían mientras crecen. Si ahora practican, después no tendrán que *pagar* tanto. Cuando digo *pagar*, me refiero a toda la acumulación innecesaria de presiones que la mayoría de las personas cargan toda su vida. Este libro contiene muchas sugerencias útiles respecto a cómo ser un cazapresiones. El poder del corazón es la herramienta del cazapresiones, así como la clave a la *altura* constante que busca en la vida. Si liberan el poder de su corazón, notarán que obtendrán una *solución rápida* para la depresión y el aburrimiento. No se necesita practicar mucho, ni provoca un desgaste en su cuerpo, mente y emociones. Si practican las sugerencias sobre la inteligencia del corazón, aprende-

¡Un verdadero Cazapresiones utiliza
el poder del corazón!

rán a decirle "no a las presiones". Así ya no tendrán
que decirle sí a las drogas. Obviamente no se pueden eliminar por completo todas las presiones en la
vida, pero sacarán adelante con facilidad la carga
personal que a la mayoría de los adolescentes les
causa problemas.

Aprendan a seguir la voz de su corazón y les
sorprenderá la nueva frecuencia de felicidad y alegría que llegará a su camino. Ustedes cuentan con
su propio *guardián*, sólo tienen que aprender a comunicarse con él. Ganarán la guerra contra las drogas
el día que recurran a sí mismos y lo hagan solos, sin

que esperen a que el gobierno decomise toda la droga. Ambos sabemos que tendrían que esperar mucho. Supongo que alguna vez lo escucharon. Ése es el sentido de la experiencia, ¿o no? Mejor le declaramos la "guerra a las presiones" y de paso erradicamos el problema de las drogas. Me parece que es un planteamiento lógico.

Y, cuando surja un problema, ¿a quién van a llamar? **¡Al Cazapresiones!**. Así es, al poder mágico de su corazón. Luego nos vemos.

Notas

La música
Cómo nos afecta

Bueno, vamos a hablar de música. A la mayoría de las personas les agrada la música, y está bien. ¡Es una diversión! Por lo regular los adolescentes van de acuerdo a la música nueva, como si fuera el nuevo ritmo de la vida. Cuando surgió el "swing" en los años cuarentas, los adolescentes lo hicieron popular; y cuando los Beatles fueron un éxito ¿adivinen qué?, primero les gustó a los adolescentes. Todo mundo tiene su tipo de canciones y grupos favoritos. Quizá a la mayoría de ustedes les agrade el rock, el rap, u otra música. La música es una poderosa influencia y muchas personas se dedican a ella. Sin embargo, la mayoría de la gente no se da cuenta cómo les afecta. La música puede influenciar en su actitud hacia la vida, aunque también puede ir en ambos sentidos: positivo y negativo. Eso se debe a que la música es un *portador increíble de frecuencias*. Cada clase de música conduce su propia serie única de frecuencias. Algunas de éstas benefician a su sistema más que otras, y toda la música puede provocar un efecto muy fuerte sobre el oyente.

Consideremos la música como el alimento de su salud mental y emocional. Si no llevan una dieta balanceada, podrían tener problemas físicos. Si su mamá siempre los alimenta con la comida chatarra y los dulces que más les gustan, a la larga podrían tener trastornos de salud. No les gustaría que su mamá hiciera eso, ¿o sí? Si de vez en cuando comen alimentos balanceados, aun si no es de su agrado, evitarán esos problemas. La música trabaja de igual modo en su naturaleza mental y emocional.

A través de muchos experimentos comprendí que la música agresiva y fuerte ocasiona inquietud, nerviosismo y desorientación. Puede provocar que el sistema nervioso se quede demasiado tiempo en ciertos acordes sin que haya un ritmo de descanso y recuperación. Con el tiempo, esto podría afectar sus patrones de comportamiento. Varía de acuerdo a las personas, pero aun así algunas son más vulnerables porque su naturaleza es más sensible. ¡Oigan! calma. Algunos de ustedes ya se están hartando de mí porque pareciera que voy a atacar su música favorita. Déjenme terminar lo que tengo que explicarles, y después me pueden decir lo que no les agrada. A mí me gustan algunas canciones de rock, rap, baladas, heavy metal, etc. Sin embargo, procuro equilibrar con música más suave, como la clásica o la del tipo new age. No les estoy sugiriendo que cambien del rock al new age. Sólo digo que puede ser más importante de lo que creen la necesidad de un equilibrio musical, sobre todo si diario escuchan música pesada y con mucha energía. Hay personas que les puedan decir que es malo escuchar esa clase de música, y quizá se sientan incomprendidos. Cuando los adultos sermonean demasiado a los adolescentes sobre lo bueno y lo malo de sus preferencias musicales, éstos llegan a perder el respeto sobre cualquier cosa que los adultos les digan. Lo anterior es debido a que la música es un tema muy sensible. Así como los adolescentes. Por suerte, más

Recuerden, la música es un alimento; así que practiquen una dieta balanceada.

adelante, tanto los adolescentes como los adultos comenzarán a tener una comunicación por medio de la sabiduría del corazón, no de la mente. Eso eliminará la resistencia e iluminará el entendimiento. El resultado sería que los adolescentes y adultos podrían trabajar juntos como buenos amigos, al mismo tiempo que cierran la brecha generacional, la cual es muy común que provoque tensión.

Bueno, ya basta de filosofar. ¡Vamos a bailar! De vez en cuando decido disfrutar mi música de rock, pero si aplico la inteligencia del corazón, sé en qué momento debo retroceder, cambiar de frecuencias y equilibrar mi sistema nervioso. Es lo único que les pido que tomen en cuenta. Grabé discos de rock y new age y pienso seguir haciéndolo. Es divertido. También estudié muchos años los efectos de la música sobre la sensibilidad humana, y por eso comparto con ustedes las recomendaciones respecto al equilibrio de su gusto musical. Los extremos desfasan su naturaleza emocional y mental. Si lo que buscan es divertirse y sentirse satisfechos, el exceso de cualquier cosa en la vida no es el mejor camino a seguir.

Observen este experimento: si son la clase de personas que diario se van de "reventón" (yo también lo hacía), busquen cierto tipo de música tranquila o new age, aunque no les guste. (Es probable que les llegue a gustar. A mí me pasó.) Esa música funciona como un tónico que de vez en cuando suavizan el rock y el rap. Después pueden volver a ella, aunque tendrán bastante inteligencia en el corazón como para saber equilibrarse. Escuchen de corazón la música y desarrollarán un sentimiento verdadero sobre qué tipo de música necesitan y en qué momento. ¿Ven? No estoy atacando su música. Todos somos Amigos. Cuando quieran rock, llamen al Doc. Estoy listo.

Notas

El agradecimiento
Un magnetismo descuidado

Conforme crecí, mis papás me enseñaron a decir "por favor" y "gracias." Me dijeron que debo agradecer todo lo que me den. Bueno, ahora soy más maduro que cuando tenía cinco años. Sin embargo, sigo aprendiendo sobre el agradecimiento y lo benéfico que puede ser para sus sistemas.

El agradecimiento sincero obviamente es mágico porque la vida y la gente a veces les dan más y más cuando en realidad agradecen. Con frecuencia un "por favor" y "gracias" nada más representan niveles superficiales de agradecimiento, pero es un buen inicio. Cuando alguien agradece *de verdad* algo que hicieron, piensen en lo bien que se sienten. Como he sentido lo mismo, a veces pienso, bueno, si el agradecimiento nos hace sentir tan bien, seguro que vale la pena el tiempo que nos lleva hacer algo. La alegría que reciben cuando se les agradece algo, aumenta muchísimo más si lo practican con *niveles de sinceridad más profundos*. Ahora mis "por favor" y "gracias" han madurado hacia niveles de significados más profundos y crean una experiencia más rica en mi corazón.

Cuando las cosas van muy bien, es muy sencillo agradecerles a las personas, las situaciones, o a un nuevo día. Éste es un ejemplo de una amiga a quien le sucedieron muchas cosas buenas al mismo tiempo. Ella platica que:

> "Me aceptaron en la universidad que yo quería; mi novio me regaló unas rosas, y mi papá me dijo que estaba muy orgulloso de mí por lo bien que iba en la escuela. Era muy fácil agradecer un día así. ¡Me sentía increíble!"

Alguno de ustedes podría preguntar, "¿Y qué pasa con los días en los que todo parece ir en todas direcciones excepto en la que nosotros queremos?" Ésos son los días en los que la vida es un caos, cuando todo nos aburre y sentimos que nunca vamos a crecer y ser libres. ¿Quién puede agradecer un día así? Éste es uno de esos días desde el punto de vista de una adolescente:

> "Un día me levanté sintiéndome débil y con mucha flojera. El día estaba gris y llovía. Pensé que si me arreglaba un poco me sentiría mejor. Así

que me puse mi ropa favorita. Conforme caminé a la puerta principal me topé con mi mamá, quien se iba a servir su café. Se me quedó viendo y dijo: señorita, ni creas que vas a salir vestida así con esta lluvia. Pero mamá, ¡es que no entiendes! le contesté. Ése fue el principio de una discusión que terminó cuando me cambié de ropa y me fui a la escuela con el ceño fruncido. Llegué a la escuela y discutí con mi novio porque andaba coqueteando con una de mis amigas, y ése nada más fue el principio. Qué día. Me la pasé todo el tiempo culpando a mi mamá y a mi novio y trataba de entender qué sucedió esa mañana. Necesitaba ayuda. Me sentí muy mal."

En un día así, yo usaría una *herramienta super-poderosa* que me hiciera recurrir a mi corazón y me ayudara a obtener la verdadera perspectiva, así por lo menos podría asimilar los baches de la vida y seguir mi camino. El agradecimiento puede ser esa herramienta de poder del corazón que convierte un día desagradable en uno tranquilo. Tal vez se pregunten: "¿Cómo puedo agradecer algo si siento que la vida está contra mí?" *Si agradecen lo que tienen es una clave que les ayudará a hacer que la vida sea lo que ustedes quieren*. Pueden empezar por agradecer que las cosas podrían ser peores.

Cuando empiezo a agradecer, lo tomo como un negocio. Comienzo por agradecerle a la vida. Después de todo, la vida es un regalo. Tal vez no siempre parezca cierto, pero así es. No vamos lejos, es un regalo en el que crecemos. ¡Así que agradézcanlo!

La chica, por medio del poder de su corazón, tiene pensamientos de gratitud que la hacen sentir mejor. Ella dice, "Agradezco *tener* novio y que al menos me haga la vida difícil, muy en el fondo sé que me quiere. Y, sí, a veces me frustra que mi mamá me diga qué hacer, pero en realidad solo quiere cuidarme y eso no es malo, y lo agradezco."

Además, aunque a veces es más fácil dejar que los sentimientos se vuelvan desalentadores, pensando que todo es malo, yo intento dejar eso a un lado y empiezo a agradecer. Después de todo, cada día es un nuevo comienzo, y si cada *día* puede ser una oportunidad para volver a empezar, ¿por qué cada *momento* no puede tener esa clase de oportunidad?

Para poder agradecer algo, no lo esperen injustamente. La espera los ubica en una posición en la que pueden desilusionarse. La mente puede decir: "No obtuve lo que quería o merecía". Sólo traten de agradecer que una situación no sea tan mala como pudiera ser. Podría ser *peor*.

Cuesta mucho trabajo salir adelante de las situaciones difíciles, porque en ocasiones no existe una respuesta lógica. El intentar descubrir los "porqués" provocan pena y frustración cuando tratan de comprenderse con la mente. Pero, descubrí que el corazón nos ofrece una verdadera comprensión. El querer descifrar las cosas con la mente lo único que ocasiona es que la gente se presione, ¿así que para qué complicarnos la vida? Eso me recuerda el ejemplo de otro amigo:

"Un día tuve un accidente en el carro. No fue mi culpa. Me rompí la rodilla. No podía bailar, salir, manejar, nada, ¡por un buen tiempo no pude hacer nada normal". ¿Verdad que no suena muy divertido? ¿cómo agradecerías tener una rodilla rota, a ver? ¡Fácil! Agradecí que no hubiera sido peor. Pudo haber sido mi espalda o mi vida. El agradecimiento me hizo volver a mi corazón. Empecé a comprender por qué me fracturé la rodilla y el bien que eso me hizo. Lo más importante fue que tuve la oportunidad de sentir y agradecer los cuidados de las personas que me demostraron su cariño, como mamá, papá, amigos, etc. Luego, tuve la oportunidad de calmarme, tener un punto de vista más amplio sobre la vida, como tranquilizarme lo suficiente como para observar las flores a lo largo de la carretera. Así que, a fin de cuentas, aunque el tener la rodilla fracturada pudo parecer una tragedia, por medio del agradecimiento conseguí un corazón que comprendió lo benéfico de la situación."

¿Qué pasaría si *todo el tiempo* intentáramos observar lo bueno de las cosas? Claro que somos muy buenos para agradecer todo, como Navidad, Año Nuevo, el día de San Valentín, ¿y los días intermedios qué? Estas festividades especiales encienden una chispa en el corazón de la gente y hacen sentir calor, tienen sentimientos de gratitud porque las personas hacen un esfuerzo por agradecer a su familia y amistades y recordar lo afortunados que son por tenerse. Sin embargo, se tienen todos los días.

Bueno, ¿por qué no hacemos de *todos* los días una festividad? Ésa es la clase de chispa y agradecimiento de calidad que puede recibir. Me crean o no, es un juego estupendo que pueden jugar solos, el cual les ofrecerá más poder para controlar esos días "tache".

¿El agradecimiento cómo puede ayudarles a adquirir este tipo de control interior? De inmediato los pone en contacto con su corazón, así serán más responsables de sus pensamientos y sentimientos durante el día. Cuando noten que su mente le da vueltas a un pensamiento que, a cambio, les provoca sentimientos inquietos, descansen un rato y envíen un pensamiento de gratitud a alguien a quien quieran. Esto les ayuda a que rápido recurran a la computadora de su corazón y que encuentren una perspectiva más clara (o sea, un punto de vista). Agradezcan cualquier cosa, aun si les parece absurdo. Busquen alrededor de ustedes todo lo bueno. Si ven la lámpara, agradézcanle a Thomas Edison. En el caso de la alfombra, agradezcan que no es cemento. En cuanto a la silla, siéntanse contentos de no tener que sentarse todo el tiempo en el suelo. Agradézcanse por tratar de agradecer. Aprendí que podemos agradecer *cualquier cosa*. A veces me da risa agradecer las cosas pequeñas cuando en alguna ocasión creí que no era posible.

Experimenten por un tiempo y vean si el agradecimiento puede agregarse a la chispa de su vida. Recuerden, se necesita tiempo para detenerse y practicar, ya que la tendencia normal es preocuparse por las cosas que quieren, no por las que ofrecen. De acuerdo a mi experiencia, ustedes pueden obtener más de lo que en realidad desean si dan con sinceridad lo que tienen. El agradecimiento es un buen lugar para iniciar. Utilicen la inteligencia de su corazón para satisfacer su lista de deseos. Me voy.

Notas

La Tierra
Un gran lugar, un grupo de personas

¿**C**uántas personas desean contribuir a la salvación de nuestro planeta? Hoy en día, muchas personas participan en movimientos y defienden con agresividad uno u otro lado de un tema. Existen todo tipo de proyectos y temas, tales como:

- salvar a las ballenas
- los derechos de los animales
- proaborto
- antiaborto
- antialcohol/antidrogas
- campaña antinuclear
- protestantes en favor de la paz
- etc., etc.

Todas estas causas, y aun las unas contra las otras, tienen validez desde el punto de vista de esas personas, y puede ser divertido, pero cada una nada más se dedica a un tema. Después de todo, hay cientos de campañas como ésas. Con frecuencia el coraje y la tensión que crean los participantes es mucho más dañino a la sociedad que los temas que intentan cambiar.

Quizá se pregunten, "¿cómo puedo distinguir entre la paz a nivel general sin confundirme tanto?" Ésa es una buena pregunta. Pues, bueno, si de veras nos preocupa nuestro planeta, primero tendríamos que recurrir a la computadora de nuestro corazón y cuidar del planeta. Podríamos empezar en casa, limpiando el jardín y el patio. Eso significa empezar por ustedes mismos. Si diario eliminan sus problemas, están en su corazón y quieren a las personas a su alrededor, podría irles mejor de lo que se imaginan. Si se esfuerzan por limpiar *su tiradero de la experiencia* (limpiar su jardín), adquirirán una energía muy positiva y poderosa que transmitirán en todo el planeta y ayudarán a las demás personas. ¿Se han dado cuenta que cuando se sienten bien y contentos, las personas alrededor de ustedes perciben ese brillo y se lo emiten de regreso?, ¡ése es el brillo del corazón!

He aquí un ejemplo: cuando escuché que comenzó la guerra en el Golfo Pérsico, me pude haber inquietado sobre cómo la guerra afectaría y preocuparía a todo el mundo. Ya tenía mucho tiempo practicando el estar con mi corazón, así que comprendí que lo único que podía hacer por ayudar en

Limpiar el "tiradero de la experiencia" de su propio jardín crea un ambiente más limpio en el cual todos podemos vivir. Quizá deberíamos empezar una campaña para salvar el ambiente *interior*.

toda esa situación era asegurarme de mantener mis energías en lo más profundo de mi corazón, y querer a todos. Aunque me hubiera gustado que existiera otra forma de resolver las diferencias mundiales, les agradecí a los soldados y a todos los líderes involucrados en la guerra. Este acto de agradecimiento me ayudó a mantenerme dedicado a mi corazón y que no me hundiera. Quise lo más que pude a todos mis amigos porque me dí cuenta lo valiosa que es la vida. Noté que el brillo de mi corazón marcó la diferencia cuando conocía a personas que se sentían tristes por lo de la guerra. Ahora que ya pasó, se puede   decir que el mundo está unido de una manera más firme y compasiva, aunque no sea por medio de la paz. Me hace apreciar más nuestra libertad, en especial porque la guerra terminó muy rápido y se perdieron menos vidas de las ·que se esperaban. La inteligencia de mi corazón me ayudó a darme cuenta de que mis amigos y vecinos son lo más importante en mi mundo, aunque también comprendí que es el de todos. Todos estamos en él; es nuestro, y lo mejor que puedo hacer es practicar el querer y cuidar de los demás.

Se preguntarán, "¿y qué hay de los movimientos para ayudar al mundo?" No me malinterpreten. Si en verdad se quieren involucrar en un movimiento o una campaña para salvar al mundo, o lo que sea, ¡*háganlo*! Pero háganse a ustedes y al mundo un favor y dediquen el mismo tiempo a la práctica en el corazón y a controlarse. Si desean intentar un juego, adelante, y dénse una semana para practicar estar con su corazón y a la vez sigan esa campaña por su movimiento preferido para *salvar al mundo*. Los resultados los pueden sorprender y encantar. Si practican ese resplandor en el corazón, no sólo ayudarían a las condiciones mentales y emocionales alrededor de ustedes, sino que también ayudarían al planeta. Y quizá hasta obtengan un punto de vista nuevo (idea), parte de la inteligencia de su corazón que les diría de qué manera pueden ayudar más. Podría resultar en un buen *plan de juego* una· vida plena de alegría y satisfacción. Después de todo, vivimos juntos en este planeta llamado Tierra.

Visto de abajo hacia arriba, el planeta es un gran paso con un cuerpo de gentes. Todos se unen a través del corazón aunque no cuenten con esa inteligencia en él para darse cuenta. Como las personas aprenden a unirse más por medio del corazón, eso producirá la esperanza de una comunicación mundial de tipo familiar, y la paz básica del futuro. Si los adolescentes del presente adquieren esa inteligencia en sus corazones, el planeta tendrá la oportunidad de negociar la paz con amor y no con guerras. Así que, cuando crezcan y quieran unirse a una campaña, tal vez prefieran dedicarse a promover la paz en sí mismos por medio de la habilidad propia, siguiendo las directrices del corazón y no las mentales. Sé que esa oración está muy larga, pero el planeta lleva mucho tiempo en espera de que eso suceda. Hagamos algo.

Notas

La conclusión
Las prácticas de la inteligencia del corazón

Si practican la Inteligencia del Corazón, las siguientes "Páginas de Referencias" sobre las típicas situaciones de los adolescentes les ayudarán a encontrar con más rapidez la salida. Utilícenlas cada vez que están en su mente y no pueden tener acceso al programa creativo de su corazón, o cuando necesiten un ejemplo práctico para llevar a cabo un programa creativo del corazón. Estas páginas pueden ser útiles, justo cuando más las necesiten. Pueden ahorrarles muchas presiones. La mayor parte del tiempo en el que no están en su corazón, considerarán una de las situaciones que a continuación se describen como similar a lo que les sucede. Obviamente que existen situaciones extremas en las que parece que nada les puede ayudar. Primero practiquen en situaciones pequeñas, así podrán resolver problemas más serios conforme aprenden a tener acceso al poder de su corazón. Siempre existen las excepciones.

Algunas prácticas sobre la inteligencia del corazón

(Referencias)

Situación: **Un amigo (o amigos) te rechaza(n).**

Reacción mental:

¡Resentimiento! Juzgarlos o tratar de poner en evidencia sus defectos. Enojarse con ellos y no hablarles. Hablar a sus espaldas.

La Inteligencia del Corazón:

Quererse a sí mismos y darse cuenta que de igual modo están bien. Busquen en su corazón su verdadera seguridad. No pueden depender de su aprobación para sentirse bien. La seguridad proviene de su interior. Envíenles amor y neutralicen su energía negativa. Es más, su amigo pudo haber estado alejado de su corazón y tuvo un mal día.

Situación: **Tienen miedo de no poder salir con ese chico(a) que tanto les interesa.**

Reacción mental:

Sienten ansiedad, inseguridad y les preocupa tanto ese deseo que la presión se les multiplica.

La Inteligencia del Corazón:

Comprender que su mundo no va a explotar por lo que suceda con esa persona. Busquen una actitud del *corazón* profunda y tranquilícense para que su *mente* no los vuelva locos. Los temores y las ansiedades fuertes debilitan su organismo. Manténganse centrados en su corazón para que puedan asimilar las relaciones en lugar de que éstas los alejen de sí mismos si no resultan como las esperan.

Situación: **Tienen una maestra que no les cae bien y simplemente no pueden tener comunicación con ella.**

Reacción mental:

Se sienten incomprendidos y hacen comentarios negativos a sus espaldas. Albergan un resentimiento constante hacia la maestra.

La Inteligencia del Corazón:

Recurran a lo más profundo de su corazón y proyéctense en la situación de la maestra. Comprendan que un profesor puede estar bajo mucha presión cuando quiere controlar a muchas personas a la vez. Hagan un esfuerzo por trasmitirle a la maestra la energía del amor y no del resentimiento. En muchas ocasiones esto logra establecer una mejor comunicación. Cuando sienten que tienen una angustia justificada, cuesta mucho trabajo recordar el trasmitir amor en lugar de resentimiento. *Practiquen el aprendizaje que cuesta trabajo.* Vale la pena.

Situación: Sienten que uno o ambos papás no los comprenden.

Reacción mental:

Alejarse de ellos. Evitar la comunicación. Hacer cosas que les moleste para llamar su atención. Mentir o rebelarse.

La Inteligencia del Corazón:

A veces los adolescentes y los padres se sientan a tener lo que ellos llaman una plática de corazón a corazón. Cuando surgen los desacuerdos, se convierte en una plática de mente a mente y termina en una "gritería" sin soluciones. Mejor intenten esto:

antes de hablar con ellos, trasmítanles su amor y pregúntenles si jugaron con ustedes el juego de escuchar de corazón. Si la energía empieza a provocar reacciones mentales, que ocasionan fricciones, recuérdense entre sí recurrir a su corazón. Si tratan escuchar y comprender a los padres desde un nivel más profundo, su respeto por ustedes aumentará, lo cual puede dar como resultado una comunicación más profunda. No lo intenten una sola vez y exploten; acuérdense que todo esto requiere de práctica.

Situación: **Un amigo(a) se salió de la escuela (está embarazada, tuvo un accidente, se cambió de ciudad, ya no le permiten su amistad, etcétera, etcétera).**

Reacción mental:

Se preocupan de más, tienen un desgate emocional por el sentimiento de una pérdida, se divierten menos con los demás amigos y familiares, etcétera.

La Inteligencia del Corazón:

La Inteligencia del Corazón es sentir cariño y compasión por un amigo que está en problemas. El *corazón* les ofrece la compasión que puede dar alivio y ayuda. La *cabeza* les provoca que se preocupen de más y se sobreinvolucren en los problemas de otros que como consecuencia debilita a ambas partes. *Si permiten que los altibajos de la vida de los demás los hundan, no podrán ayudarlos.* Ustedes *pueden* ayudarlos si los quieren de corazón y aprenden la diferencia entre el verdadero cuidado y el involucrarse de más. Si son responsables de sí mismos, los podrán ayudar más y al mismo tiempo mantener un equilibrio en sus organismos. Ésa es la Inteligencia del Corazón.

Situación: Sienten que no encajan en ningún lado.

Reacción mental:

No soy buena onda. Algo en mí está mal. No tengo aptitudes. No soy tan inteligente como ellos, etcétera.

La Inteligencia del Corazón:

Conforme practican la unión con su corazón, cada vez notarán más que la seguridad que buscan en sus amigos está dentro de ustedes. Al comprender lo anterior a niveles más profundos, aumenta su autoestima. Como por arte de magia empiezan a encajar en más lugares de los que se imaginan. La confianza que crean al escuchar y seguir a su corazón, les evita preocuparse de más sobre si encajan o no en ciertas situaciones. Conforme desarrollen su autoconfianza, atraerán más amistades, ya que la gente tiende a acercarse a una persona que está formando su autoestima. Dediquen *cinco* minutos de su día a su corazón. Trasmítanle a alguien sentimientos de amor y cariño o agradézcanle a alguien que les ayudó, o nada más agradezcan el don de la vida. *Como las frecuencias del corazón equilibran su sistema, descubrirán que si practican irradiar amor desarrollarán una autoestima en muchos aspectos de su vida.* Tal vez les parezca que eso no tiene nada qué ver con el acumular autoestima y, sin embargo, es el camino más rápido para lograrlo. Quizá es un aspecto que se pasa por alto por el simple hecho de ser tan simple. Ésta es una recomendación muy seria sobre la Inteligencia del Corazón. Descúbranlo solos, pero acuérdense de **practicarlo**.

Situación: **Siento que la vida es muy aburrida, no sé qué hacer (la tarea, las obligaciones, llegar temprano a la casa, ser amable con mis hermanas y hermanos, etc., o hasta practicar la Inteligencia del Corazón).**

Reacción mental:

Estar malhumorado, desanimado, buscar un estímulo en los lugares erróneos. Sentirse frustrado. Rebelarse y resistirse. Tratar de encontrar la manera de evitar hacer algo. Buscar pretextos.

La Inteligencia del Corazón:

El aburrimiento es una saturación temporal de las cosas que por lo general se buscan como un estímulo. La manera de acabar con el aburrimiento es encontrar el equilibrio de lo que hacen para estimular su vida. Si les gusta ver la tele, ir a fiestas, hacer deportes, tener pasatiempos, u otro tipo de estímulos, necesitarán el siguiente equilibrio: practicar el control de sus energías mentales y emocionales; practicar la responsabilidad de su mundo físico, cuidar de su cuerpo, y ciertos deberes en su casa y la escuela. Esto les da una estabilidad total, así como un respeto interior más profundo y, por lo tanto, mucho más autoestima. Si practican unos minutos al día el escuchar y seguir a su corazón, desarrollarán un proceso de toma de decisiones equilibrado. La diversión de fiestas constantes estimula la mente, pero también puede ser muy agradable aprender a fondo la responsabilidad, ya que les ayuda a que todo su organismo se sienta mejor y más completo. Así que la ecuación de la Inteligencia del Corazón sería combinar su estímulo del tipo de evento divertido con la misma proporción de una responsabilidad equilibrada. Lo anterior es igual a la paz, y una fascinación *continua* más real en la vida. El aburrimiento provoca presiones, un *Cazapresiones* lo elimina. Jueguen con las directrices de su corazón y aprendan a conocer a su verdadero yo.

En resumen, tiene más poder para eliminar la tristeza de su vida del que apenas empiezan a creer. Así que no me juzguen mal hasta que sinceramente practiquen el escuchar y actuar con el corazón, lo cual los conduce a la inteligencia del mismo. Después, aléjense del aburrimiento y acérquense a la diversión. El autocontrol los lleva a algunas de las mejores diversiones que puedan tener. Tal vez ya hablé demasiado, pero ya terminé. Tengan una buena plática consigo mismos y busquen lo que deseen. ¡Hay que ser plenamente felices!

Y bueno, ahora ya están frente al inicio de su próximo momento. Nada más recuerden lo que puede hacer su corazón. Conforme practiquen su poder, éste les indicará que su computadora es su mejor amigo. *Mientras más descubran la diferencia entre sus pensamientos y las directrices de su corazón, serán más inteligentes, lo cual les llevará a dominar la verdadera diversión.* Conforme mejoren el uso de las herramientas en este libro, estarán en muy buen camino de formar su propia computadora personal que resolverá sus problemas. ¡Sería muy conveniente! Confíen en mí, si se dedican a ello, funcionará.

Unos cuantos recordatorios: mantengan abierta la comunicación consigo mismos y con las personas que formen parte de su vida. *Acuérdense: comuníquense cuando se presenten las cosas, no se esperen hasta que exploten* para ayudar a los demás a que los comprendan mejor. Relájense (perdonen y comprendan, ténganse paciencia) mientras cambian y crecen, pero no olviden practicar. Cuando cambien, crearán cambios en las personas alrededor de ustedes. Sin embargo, no se preocupen si cambian o no. Recurran a su corazón y encontrarán la paz. Ésa es su primera responsabilidad, el autocontrol. La diversión real empieza cuando alcancen su seguridad interior, ¡la verdadera autoestima que buscan! Recuerden que un **cazapresiones** es su regalo para sí mismos y los demás. Desenvuelvan ese regalo y vamos juntos a "*librar esa guerra contra las presiones*".

¡Queremos rock!

El Doc

Esta edición se imprimió en Septiembre de 2002, Impresos Editoriales.
Agapando No 92,. México, D.F. 04890